행복한 노후를 위한 집

노인 주거공동체

박소정 · 김정근 공저

노인들이 함께 잘 늙어 갈 수 있는 주거공동체 모델

학지사

노인 주거공동체

들어가며

코로나19 팬데믹과 주거공동체 그리고 함께 잘 늙어 가기

2025년 현재 아직도 전 세계는 코로나19 팬데믹으로 인한 건강, 사회 및 경제적인 충격을 느끼고 있다. 주거는 코로나19 팬데믹의 영향을 경험하게 된 핵심 장소이다. 전 세계가 공유했던 초유의 경험인 사회적 거리 두기와 격리, 그리고 그로 인한 사회적 고립으로 인해 우리 모두는 주거 환경에 따라 삶과 죽음이 갈라지는 경험을 하게 되었다.

이런 경험은 어디에서 누구와 사는가에 대한 근본적인 고민을 하게 한다. 코로나19 팬데믹 시대의 물리적인 '거리 두고' 살기의 학습경험을 한 우리에게 '모여살기'에 대한 공포와 두려움이 각인되었을까? 아니면 코로나19 팬데믹은 사회적 고립으로 인한 폐해도 학습한 우리에게 '함께 한다는 것(Togetherness)', 즉 상호의존과 연대에 대한 중요성을 더욱 더 깨닫게 하였을까(Nancy, J. L., 2020)? 코로나19 팬데믹은 새로운 주거 문제를 만들고 있는 것일까? 아니면 기존에 있던 문제들을 더 심화시키게 될까? 아니면 코로나19 팬데믹으로 인해 함께, 안전하게 살 수 있는 주거에 대한 고민을 본격적으로 시작하는 계기가 되었을까? 이런 질문들이 '공동체' 주거를 연구하고 이 책을 출판하게 된 주요 동인이 되었다.

'잘 늙어 가기'는 무엇을 의미할까? 잘 늙어 가기에 대한 기존의 다양한 이론적인 접근들(예: Aging Well, Successful Aging, Productive Aging 등)은 공통적으로 많은 사람이 노후에 겪게 되는 사회적 역할 상실, 소득 감소로 인한 경제적 어려움, 건강과 기능의 쇠퇴, 고독과 외로움 등의 어려움에 대해 개인과 사회에 어떻게 잘 대비할 수 있을까에 관한 고민을 기반으로 하고 있다. 기존에 축적되어 있는 노화와 노년에 대한 연구를 바탕으로 이 책은 혼자가 아닌 '함께' 잘 늙어 가기, 특히 '어디에서' 함께 늙어 가기가 어떻게 가능할지에 관한 연구 결과물이다. 비영리 연구 단체인 에이징 투게더(Aging Together)의 연구원들이 함께 연구한 결과들을 엮어 출간하는 시리즈의 첫 번째 간행물로, 에이징 투게더는 노년기에 함께 잘 늙어 갈 수 있는 공동체 주거 환경에 관한 연구를 한다. 책의 일부 내용에는 에이징 투게더와 재단법인 굿네이버스 미래재단이 함께한 연구 결과들이 포함되어 있다.

이 책은 대부분의 노인이 함께 늙어 갈 수 있는 주거공동체 모델의 구현을 위한 이론적, 실증적 지식을 구축하기 위한 연구와 고민의 결과를 엮은 것이다. 주거 분야는 여러 학문에서 접근하고 있고 저마다 실증 연구 방법도 매우 상이하기 때문에 '노인 주거'만을 구분해서 심층적으로 이해하는 데 한계가 있다. 따라서 노인만을 대상으로 하거나 노인 중심의 주거 모델만을 위한 이론이나 실증 사례만을 처음부터 다룰 때 구체적인 노인 주거 모델이 해당 국가의 어떤 주거 맥락에서 생겨난 것인지 알기가 어렵다. 따라서 한 국가의 정책적, 사회적, 문화적 맥락에 따라 지속적으로 진화하고 있는 노인 주거 모델 중에서 '공동체성'을 핵심으로 하는 모델의 범위와 특성에 초점을 둔다. 각 장에서 다루는 내용은 다음과 같다.

제1장에서는 노인 주거에 대한 개념적 이해를 위해 거시적인 관점인 주거(housing) 시스템과 노인 주거 연구 분야에 대해 개괄한다. 노인 주거에 관한 구체적인 이론 틀과 개념 틀을 이해하기 위해 주거 환경을 핵심 분야로 다루고 있는 환경 노년학 이론과 이에 기반한 다양한 주거 모델의 개념 틀을 제시한

다. 제2장에서는 노인 주거 모델들 중에서 '공동체'를 핵심 개념으로 하는 모델에 초점을 맞추어 노인 주거공동체의 개념을 이론적으로 검토한 후, 노인 주거공동체 모델들에 대한 학술 연구들을 검토한다. 제3장에서는 한국 노인 주거실태와 노인 주거공동체의 방향을 제시하기 위해, 현재 한국 노인의 삶과 주거실태, 국내 노인 주거 관련 제도 및 다양한 주거 형태들을 분석하고, 최근 급격한 고령화로 인한 국내 노인 주거 관련 주요 이슈들을 포함하고 있다. 제3장에서 논의한 내용들은 제4장에서 제시하고자 하는 한국 노인 주거공동체의 방향과 서비스 모델 개발을 위한 근거들을 제시하고 있다. 따라서 제4장은 한국 노인 주거공동체가 나아 갈 방향을 제시하고, 한국 노인 주거공동체 서비스를 개발하기 위해 필요한 실천적 핵심요소, 서비스 분류, 특화 서비스 개발 방안들을 설명하고 있다. 또한 노인 주거공동체를 구성하는 데 필수적인 노인 주거공동체 인력 구성 체계와 새롭게 소개하는 링크워커(Link Worker) 및 서비스 코디네이터(Service Coordinator)의 역할에 대해 기술하고 있다. 또한 함께 나이 듦을 경험하게 될 노인 주거공동체 운영 주체의 다양성을 고려한 노인 주거공동체 서비스 전달 체계의 3가지(실속형, 기본형, 고급형)를 소개하고 각 운영주체에 맞는 적절한 서비스 운영방안을 제시하였다. 제4장의 마지막 절에는 노인 주거공동체 운영을 위한 입주민 참여 디자인 워크숍 모형을 제시하여 예비 입주민이 주체가 되어 노인 주거공동체를 만들어 가는 초기 참여 방법을 간략히 소개하였다.

2025년 1월
저자 일동

노인 주거공동체

차례

제1장

노인 주거에 대한 개념적 이해

1. 주거 체계와 노인 주거 연구
2. 환경 노년학, 에이징 인 플레이스 그리고 주거 모델
3. 개인-환경 적합성 관점에 따른 주거 기반 AIP 개념도

1. 주거 체계와 노인 주거 연구

노인 주거, 혹은 노년기의 주거에 대한 구체적인 이론 및 개념 틀을 논의하기 전에, 주거 전반에 대한 큰 그림을 이해하는 것이 필요하다. 주거에 관한 문제는 노년기와 노인 집단에만 해당되는 것이 아니기 때문이다. 주거 체계(housing system)는 주거의 공급, 질, 분배 및 유형을 결정하게 되는 요소들과 관련 주체들의 총합을 지칭하며 한 국가 혹은 사회 내에서 주택이 제공되고 분배되며 접근되는 방식을 포함한 주택 시장의 전반적인 구조 및 작동 방식을 포함한다. 구체적으로 특정 국가나 지역 내에서의 건축 규정이나 임대료 통제 등과 같은 주거 정책 및 규제, 모기지나 보조금과 같은 주택 관련 금융 정책 및 관행, 개인 소유, 협동조합 및 임대와 같은 다양한 주택 소유 구조 및 유형, 주거의 기본 시설 및 서비스 영역들과 각 영역들에 참여하는 모든 주체(예: 정부 기관, 민간 개발자, 집주인, 세입자 및 비영리 단체)가 포함된다.

개별 국가의 경제, 문화, 사회적 맥락에 따라 유사하면서도 독특한 주거 체계를 갖고 있지만, 성공적인 주거 체계 하에서는 다양한 인구 집단의 모든 거주자가 안전하고 합리적인 가격으로 거주할 수 있도록 하기 위한 공통적인 목적을 갖고 있다. 한 국가의 주거 체계에서 이행되는 주거 정책은 주택 체계 내의 문제를 해결하기 위해 주택 가격, 무주택자, 주택 품질과 안전, 그리고 취약한 인구에게 주택 접근과 같은 다양한 분야를 다룬다. 일반적으로 주거 체계 하에서 노인 주거 정책과 프로그램, 혹은 모델들은 대체로 '특화 주거 혹은 특수 주거(Special needs housing)'로 분류된다. 특화 주거는 특정 집단을 위한 물리적인 디자인 특징을 갖추고 있거나 지원 서비스들이 제공되는 주거 형태를 지칭한다. 예를 들어, 노약자 및 신체 장애가 있는 사람들이 주택 내부에서 접근성과 이동성을 확보할 수 있도록 주택 내부의 물리적인 디자인적인 특성을 갖추고 있거나, 독립적인 생활 기술이 충분히 발달하지 않은 사람들을 지원하기 위한 서비스(일부 무주택 청소년, 약물 및 알코올 중독자, 후천성 뇌 손상을 입은 사람들 및 정신 건강 문제가 있는 사람들 포함), 그리고 가정 폭력을 피하기 위한 피난처로써의 주거를 포함한다. 많은 국가에서 노인 집단은 다른 사회취약 집단들과 함께 주거취약계층으로 규정하여 공공 소유 및 관리 기관부터 비영리 또는 민간 회사까지 다양한 사회 기관을 통해 정책적 지원을 제공한다. 따라서 국가의 주거 정책 안에서 사회적 약자로 규정된 상태에서는 노년기에 왜 주거가 중요하고, 어떤 주거 모델들이 어떤 이유로 다양하게 있을 수 있는지를 이해하기에는 한계가 있다.

노인 주거는 다양한 학문에서 개별 학제적 연구 틀에 따라 연구되어 왔다. 공공 보건 영역에서는 물리적인 주거 환경 특성이 전체 인구 건강에 대한 주요 사회적 결정 요인 중 하나로 간주된다. 발달 심리학, 재활 과학 및 건축 디자인에서 주거 환경은 노인 개개인의 적응 및 웰빙에 중요한 영향을 미치는 요소로 간주한다. 사회 경제 정책 분야에서는 주택이 커뮤니티 개발 및 도시 계획의 플랫폼으로 간주된다. 소비자 과학에서는 주택 시장과 개인의 주택 선택 및 행동 간의 관계가 주요한 관심사이다. 마지막으로 이 책에서 중점적으로 다루고 있는 환경 노년학에서는 사회 및 의료 보건 그리고 공식 및 비공식 돌봄의 복잡한 체계에서 노인을 위한 주택 및 주변 지역사회의 환경의 영향을 핵심 요인으로 간주하여 노인의 주거 선호도, 주거 만족도, 주거 필요성, 주거 공급 및 주거 비용 부담과 같은 다양한 측면에 초점을 둔다.

2. 환경 노년학, 에이징 인 플레이스 그리고 주거 모델

우리는 모두 나이가 들면서 건강, 경제 수준, 가구 형태 등의 변화를 경험하고 고령기-초고령기로 접어들면서 활동의 반경이 줄어들면서 거주 환경의 영향을 많이 받게 된다. 환경 노년학(environmental gerontology)에서는 노년의 삶의 질과 직결돼 있는 핵심 욕구를 노인이 살고 있는 '집과 동네'의 환경에 주목해 연구한다. 환경 노년학의 시초라고 할 수 있는 Lawton과 Nahemow(1973)의 환경 노년학 모델은 B=F(P, E), where B =Behavior(행동), P=Person(개인) 그리고 E=Environment(환경)라는 핵심 요소로 구성된 생태학적(ecological) 모델 (Lewin, 1951)에 근거하고 있다. 구체적으로, 개인 역량(personal competence)을 나타내는 P와 환경으로부터의 제약 조건(environmental press)을 나타내는 E 간의 균형에 따라 개인의 적응(adaptation) 수준이 달라진다는 것이 기본 가설이다([그림 1-1] 참조).

노년기에 환경의 영향을 핵심 아이디어로 하는 환경 노년학 관점에 따르면 전체 노인들 중 특정 집단은 자신의 필요와 환경 자원의 적합도 수준에 따라

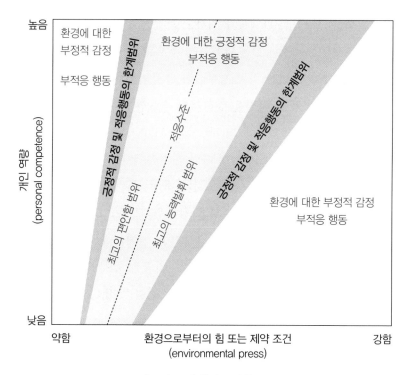

[그림 1-1] **환경 노년학 모델**
-출처: 한경혜, 최혜경, 안정신, 김주현 (2019).; Lawton, M. P., & Nahemow, L. (1973).

최적 수준의 적응(adaptation)이 이루어지지 않아서 웰빙과 삶의 질이 낮아질
위험이 있다고 제안한다. 달리 표현하면 이 관점에 따르면 환경적 특성이 그
들의 제한 또는 자원 부족을 보상해 준다면 개인의 역량이 제한적이라고 해도
여전히 자신에게 맞는 최적의 환경에서 성공적으로 노년기를 보낼 수 있다는
것이다. 이를 종종 '개인-환경(P-E) 적합 관점'이라고 하며, 이 이론적 제안은
노화하는 개인들과 환경 간의 관계를 조사하는 데 광범위하게 적용되어 왔으
며, 노약자들의 고령화 과정(예: 이주)과 결과(예: 질병 및 사망)와 관련하여 연
구되어 오고 있다.

노인의 삶에 있어서 생활 환경을 가장 중요한 기준으로 삼는 개념이 바로 에
이징 인 플레이스이다. 에이징 인 플레이스(Aging in Place: AIP)는 다양한 방식
으로 정의되어 오고 있고 그중 하나로 '자신이 살고 싶은 집 또는 장소에서 생
활하면서 친숙한 사람들과 관계를 유지하고 적절한 지원과 보호를 받으며 생
활하다가 좋은 죽음(well-dying)을 맞이하는 것'으로 정의될 수 있다(이윤경 외,
2017). AIP는 지난 몇십 년간 각국 정부, WHO 등의 국제기구에서 노인 친화
환경 정책과 프로그램 개발, 확장을 추진할 때 중요한 원칙이 되어 왔다.

인간-환경적합성 관점(Person-Environment Fit Perspective)은 개인의 상황
과 환경적 조건 사이의 적합도(Fit)에 따라 개인의 심리, 행동, 및 건강 등 노
년기의 삶의 궤적과 패턴이 달라진다고 설명하며 성공적인 AIP를 위해서 주
택 및 지역사회 환경이 수행하는 역할을 강조한다. P-E Fit 관점에서 '인간
(Person)'은 주로 생물학적 건강, 인지·감각기능, 신체·정신 건강 상태 등 개
인의 다양한 특성을 의미한다(Lawton, 1982). 기능 및 건강의 쇠퇴를 경험하
는 개인이 그 쇠퇴에 대응할 수 있는 환경적 조건이 맞지 않는 경우 그 개인
은 성공적인 AIP를 경험할 수 없다는 것이다(Lawton & Nahemow, 1973; Wahl,
Iwarsson, & Oswald, 2012). AIP의 구체적인 맥락, 즉 장소(place) 특성은 매우
다양하다. 이는 주택의 물리적 특징(예: 욕실 안전 손잡이, 휠체어 접근 가능 출입
구 등)부터 홈 테크놀로지(예: 보편적 설계)까지 포함된다. 또한 은퇴 주거시설

이나, 노인들의 건강 및 사회적 지원에 대한 욕구를 충족시키는 지역사회 커뮤니티의 사회적·문화적 특성도 중요한 요소로 고려된다. 이러한 다양한 맥락은 서로 차이가 있기는 하지만 노인들이 가능한 한 오랫동안 독립성과 자율성을 누릴 수 있도록 뒷받침할 수 있는 환경을 지칭한다.

3. 개인-환경 적합성 관점에 따른 주거 기반 AIP

노인 주거에 관한 문헌에서 '장소(place)'는 원래 집과 동의어로 사용되었지만, 현재에는 다양한 생활 환경 설정을 포함하는 더 광범위한 의미로 확대되어, 특정 주거 환경에서부터 주변 지역과 더 넓은 지역사회까지 다양한 환경을 지칭한다. 지역사회 내에 있는 다양한 주거 옵션은 완전히 독립적인 생활이 가능한 형태부터 일상생활을 위한 모든 지원을 제공하는 수준까지 돌봄의 연속선상의 어디에 위치해 있는가에 따라 여러 가지 모델이 있을 수 있고 노년기에 돌봄 욕구가 증가함에 따라 사람들은 공식, 비공식 돌봄 서비스들을 받기 위해 원래 거주하던 집에서 다른 주거 형태로 이동하기도 한다.

이 돌봄의 연속(continuum of care)의 기본 특징은 크게 물리적인 거주 장소와 돌봄 서비스, 그리고 의료 서비스 3개의 축으로 구성된다(Nachison & Leeds, 1983). 연속의 한쪽 끝에는 전통적인 형태의 가족들이 하는 일반주택(private family home)이 있고 다른 한쪽에는 주거와 돌봄을 통합 패키지로 제공하는 요양원과 같은 기관이 있고(Martens, 2018) 그 사이에는 지원 수준이 다른 다양한 주거 형태가 있을 수 있다. 과거에는 노인 주거 유형을 일반주택과 요양시설로 이원화하여 분류하였다면, 현재는 주택에 제공, 연계되는 서비스 종류에 따라 일반주택과 요양시설 사이에 다양한 주거 대안이 제시되고 있다(Andrews & Phillips, 2004). 기존 문헌에서는 지원 주택(supportive housing), 집합 주거시설(congregate living facilities), 연령 제한 주택(age-segregated housing), 은퇴 커뮤니티(purpose-built retirement communities) 등 다양한 용어가 사용되며, 이러한 주거 및 돌봄 체계는 노년기에 AIP할 수 있도록 독립생활이 가능한 전통적인 의미의 주택과 장기 요양 시설 사이를 메꾸는 다리 역할을 한다(Field, Walker & Orrell, 2002).

개인-환경 적합성 관점에서 볼 때 노인이 어떤 주거 유형에 거주하는지에 따라 AIP의 과정과 결과는 상당한 차이가 있을 수 있다. 기존 문헌에서 주거를 다양한 유형으로 분류하고 있고 비슷한 유형이라고 해도 상이한 용어들이 사용되고 있다 보니 어떤 유형의 주거 형태와 어떤 돌봄 서비스 및 의료 지원이 제공되고 있는 모델인지 파악하는 데 어려움이 있다. Faulkner, Beer, Hutson(2006)은 미국과 영국의 사례를 중심으로 주택에서 제공되는 돌봄 서비스의 수준에 따라 일반 주택, 비지원 주거 유형(주택 내 돌봄 서비스가 제공되지 않거나 식사, 생활, 안부 지원 등 상대적으로 낮은 수준의 돌봄 서비스가 제공되는 주거 유형), 지원 주거 유형(주택 내 24시간 모니터링, 방문간호서비스 등 요양 시설 정도는 아니지만 이에 준할 정도의 돌봄 서비스가 제공되는 주거 유형)으로 분류함으로써 총 세 가지의 주거 유형을 제시했다. Faulkner 외(2006)의 유형 구분에 더해 en Henegouwen(2019)은 네덜란드 주거 모델을 대상으로 유형을 결정짓는 요인을 내부적 요인(가사 도움, 세탁 등 일상생활 지원, 건강 모니터링, 사회적 교류 프로그램, 물리적 주거 환경 등)과 외부적 요인(시설 운영 주체, 임대주택 유무, 계약 조건, 정부 지원 유무 등)으로 분류함으로써 주거 유형의 분류 기준을 더 세분화하였다. 이 외에도 입주 비용과 주택에서 제공되는 돌봄 서비스의 수준에 따라 미국의 주거 모델을 분류한 연구(Coe & Boyle, 2013)에서는 일반 주택과 요양원에 더해 독립형 주거시설(Independent Living Facilities), 생활보조시설(Assisted Living Facilities), 연속형 돌봄 주거단지(Continuing Care Retirement Communities) 등으로 유형을 세분화했다.

이 책에서는 개인-환경(P-E) 적합도 관점에 따라 크게 세 가지 수준으로 노인 주거 모델들의 유형화를 시도한 기존 문헌들에서 주거 모델들의 공통적인 구성 요소를 몇 가지 추출하여 주거 기반 AIP 개념도(Housing-Based AIP Framework)를 제시한다([그림 1-2] 참조). 개인적 특성은 노인의 건강 수준, 독립생활 수행 능력 등의 건강 관련 특성과 연령·성별·소득 등의 인구사회학적 요인까지 포함한다(Lawton, 1982). 환경적 요인은 물리적·사회적·문화적 맥락까지 포함한 다차원적 요인으로서 미시적(노인이 거주하는 주거 공간 내 특성), 중시적(마을, 지자체 등 주거 공간이 위치한 지역사회 단위의 특성), 거시적(정부 정책, 경제 상황 등 국가 단위의 사회·경제·문화적 요소) 차원으로 구분할 수 있다(Lawton, 1989, 1999). 입주 노인의 욕구와 이에 대응하는 주거 유형별로 제공되는 서비스가 얼마나 적합하게(Fit) 제공되는지에 따라 노인의 건강 및 삶의 질과 관련하여 다양한 변화가 나타날 수 있고 개인적 수준과 여러 수준의 환경적 특성이 얼마나 부합하느냐에 따라 잠재적으로 다양한 주거 옵션이 있을 수 있음을 시사한다.

대표적인 주거 유형의 특징은 다음과 같다. 첫 번째 유형으로 일반주택(Conventional home)에 거주하는 노인은 돌봄 욕구가 상대적으로 낮거나 돌봄을 제공할 가족 및 동거인이 있는 경우가 많으며, 필요할 때 공공기관 및 사회복지시설을 통해 재가복지서비스 및 주거 환경 개선 등이 지원된다. 두 번째 유형은 독립형 노인 주거시설(Independent Living Facilities: ILF)이며, 주로 노인 전용 또는 노인 우선 입주 아파트가 이에 해당한다. 이 시설 유형에는 대체로 서비스 연계 및 사회 서비스 제공을 위한 전담 인력이 상주하여 거주 노인의 욕구에 따라 필요할 때 외부의 돌봄 서비스를 연계하거나 주로 사회적 서비스를 주택 내에서 자체적으로 제공한다. 입주 노인의 소득 수준에 따라 ILF의 종류는 다양하지만, 저소득 노인을 대상으로 하는 ILF도 기본적으로 개별 침실, 거실, 주방 등 독립적인 공간이 제공되며 전담 인력이 상주하여 입주 노인의 AIP를 지원하는 경우가 많다. 세 번째 유형은 돌봄 욕구가 ILF 거주 노인보다 상대적으로 높은 노인이 입주하는 생활보조시설(Assisted living facilities: ALF)이다. ALF는 ILF에서 제공되는 독립적인 생활공간에 더해 강화된 의료 서비스가 연계되는 유형으로 시설 내 간호사 등 전문 의료 인력이 상주하여 24시간 모니터링 등 더 높은 수준의 일상생활 지원 서비스가 제공된다. 네 번째 유형으로는 특화형 노인 주거시설이 있으며, 이 중 치매 특화형 주거시설(Memory care units)이 대표적이고 경우에 따라 ALF에 결합되어 제공되기도 한다. 마지막 유형에 해당하는 연속형 돌봄 주거단지(Continuing Care Retirement Communities: CCRC)는 하나의 주거단지에서 ILF, ALF, 요양원에 이르기까지 입주 노인의 돌봄 욕구에 따라 서비스가 연속적으로 제공되는 유형

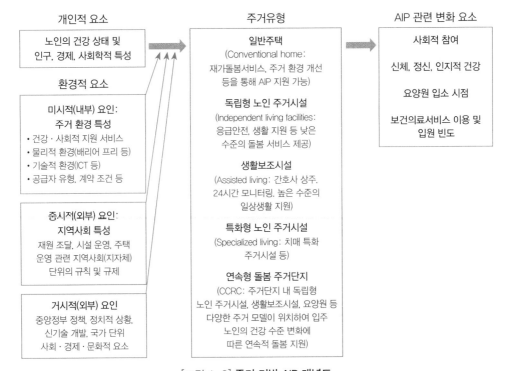

[그림 1-2] 주거 기반 AIP 개념도

- Lawton, M. P. (1990b). Knowledge resources and gaps in housing for the aged; Wahl, H. W., Iwarsson, S., & Oswald, F. (2012). Aging well and the environment: Toward an integrative model and research agenda for the future; Faulkner, D., Beer, A., & Hutson, M. K. (2006). Housing models for an ageing population; en Henegouwen, L. J. (2019). A Dutch framework for housing models to age in place; Coe, N. B., & Boyle, M. A. (2013). The asset and income profiles of residents in seniors housing and care communities: What can be learned from existing data sets; Golant, S. M. (2008). Affordable clustered housing-care: A category of long-term care options for the elderly poor. 저자가 재구성.

을 일컫는다. 국가마다 주거 모델의 다양성(diversity)과 주거 비용 부담 적절성 (affordability)은 크게 차이가 있다. 예를 들어 미국에서는 ALF와 CCRC의 경우 대체로 입주 비용이 고가이며, 고소득 노인을 제외하고는 거주하기 어려운 주 거 유형에 해당한다.

제2장

노인 주거공동체의 개념과
국내외 실증연구

1. 노인 주거공동체의 이해와 개념적 정의

주거에 관한 다양한 영역과 주체들의 총합인 주거 체계의 관점으로 볼 때, 이 책에서 중점적으로 다루고 있는 '노인 주거공동체'는 이론적으로 다양한 공급 및 운영 주체들에 의해 형성되는 모델들을 통칭한다. 즉, 공공정책의 영역에 포함된 노인 대상의 주거 모델이 특수주거라는 이유로 저소득 노인이 주대상인 모델만이 노인 주거공동체가 될 수 있는 것이 아니다. 노인 주거(senior housing) 공동체성을 강조하는 유형에 대한 개념적 이해와 명시적으로든, 암묵적으로든 실제로 실현하고 있다고 판단되는 사례들을 살펴볼 수 있으려면 노인 주거와 공동체라는 개념이 합쳐진 '노인 주거공동체'라는 개념적 정의 도출이 선행되어야 한다. 하지만 '노년기'와 '공동체'는 둘 다 정확히 규정된 불변의 개념이 아니다.

노인들의 AIP 요구를 충족시키기 위해 여러 국가에서 최근 몇십 년 동안 다양한 노인 주거 모델이 자연스럽게 나타났거나 의도적으로 개발되어 왔고, 이러한 주거 모델은 일반적으로 노인을 위한 커뮤니티 기반 주거(community-based housing)로 통칭되며, 지역사회(community) 내에서 노인의 AIP 실현을 공통적인 목적으로 한다(Chum et al., 2022). 지역사회 기반 노인 주거 모델의 개념은 해당 주택이 지역사회 내에 있다는 물리적 위치 때문에 의료시설이나 장기요양시설과 자동으로 구분되는 것이 아니다. 지역사회 기반 주거라는 개념에는 물리적인 위치뿐 아니라 그 주거 형태 속에서 이루어지는 사회적 관계를 중심으로 구축된 공동체라는 개념을 포함하고 있고(Kloos et al., 2012), 입주민들은 자신들이 살고 있는 곳에서 계속 거주하면서 느끼는 안전감과 소속감을 통해(Tester et al., 2011) AIP가 구현될 수 있다(Scheidt & Schwarz, 2009). 따라서 공동체에 대한 개념, 그리고 노인 중심의 공동체란 무엇을 의미하고 문헌에서는 실증적으로 어떻게 검토되어 왔는가를 이해하는 것이 필요하다.

공동체(community)는 일반적으로 공통의 생활 공간에서 상호작용하며, 유대감을 공유하는 집단을 의미한다. 사회과학에서는 공간, 상호작용, 연대를 공동체의 핵심 요소로 보는데, 구자인(1995)은 우리나라에서 나타나는 공동체 유형을 대체로 3가지로 구분하였다. 첫째, 지역이 강조되는 공동체 운동으로 도시주민운동, 지역시민운동 등이 있다. 이들은 일정한 문화와 역사를 공유하고 있는 지역을 기반으로 주민들이 자발적으로 어떤 목표를 향해 함께 하는 운동이다. 둘째, 협동조합운동으로, 노동자나 농민들이 열악한 상황에서 벗어나기 위해 공동으로 생산하고, 공동으로 소비하는 실천운동이다. 셋째, 전통적인 공동체에 가장 근접한 유형으로 대개 자본주의적 문명에 대한 비판과 대안을 지향한다.

'주거공동체'는 주거 공간을 중심으로 입주민들의 공통적인 가치관과 관심사를 함께 공유하고 정서적 유대감을 유지하는 공동체 활동들이 이루어진다는 것을 의미한다. 노인의 경우, 인구사회학적 변화의 특징[고령화, 노년기에 단독세대(사별·이혼)의 증가와 비혼 세대의 증가]적인 면에서 ① 노년기에 겪게 되는 신체적, 기능적, 인지 건강의 저하로 인한 결과로 인해 증가하는 돌봄을 제공하는 공간으로써, ② 노년기 사회관계의 축소로 인한 사회적 역할 상실과 그로 인한 정신 건강(고독감)의 위험에 대처할 수 있는 방안으로 연구자, 정책 전문가, 민간 단체 간에 관심이 지속적으로 증가하고 있다.

'노인 주거공동체' 라는 독립적인 개념이 존재해 왔던 것은 아니지만 이는 노년기에 속한 사람들이 주거 공간을 중심으로 공동체 활동을 통해 유대감을 돌봄 욕구나 고독감의 위험에 함께 대처하는 노인 주거 모델이라고 이해할 수 있다. 이 책에서는 노인 주거공동체 개념을 도출하기 위해 국내외 노인 주거공동체 관련 문헌을 검토하였다. 노인만을 입주 대상으로 하는 공동체 주택은 아니지만 박경옥 외(2022)는 공동체 주택은 공동체 활동 및 공동체성 형성을 통해 거주성을 향상하고 사회문제를 해결하는 등의 사회적 가치를 창출하는 주택이라고 정의하며 주택 내 공동체 활동 및 공동체성 형성을 강조하였다. 장주영 외(2020)는 노인을 입주 대상으로 하는 노인 주거공동체는 노인의 AIP를 위해 지역사회를 기반으로 비혈연 관계의 입주자들로 형성된 주거이며, 거주자의 자발적인 공동체 형성 또는 건축 계획 초기부터 뜻이 맞는 사람들끼리 조합을 결성하여 만들어진 공동체 주거, 혹은 국가 정책 차원의 각종 돌봄 서비스가 제공되는 고령 친화적인 주택 또는 지역사회라고 정의하였다. 김영란 외(2013)는 돌봄에 초점을 맞춘 노인 주거공동체로서 '노인돌봄공동체'를 정의하면서 입주민이 스스로 사회적 소외를 극복하기 위해 자치 공동체를 조직하고 지역주민과 함께 지역사회 개발에 참여하고 나눔을 실천하는 것을 강조하였다. 양은진, 김순은(2017)은 노인 주거공동체를 코하우징(Cohousing) 개념을 통해 설명하며, 개인주의 생활을 벗어나고자 하는 사람들이 모여 더불어 살아가고자 하는 공동체 주거 생활방식이라고 설명하였다. 고령자를 위한 소규모 공동체 주택에 관한 이연숙 외(2019)의 연구에서는 소규모 공동체 주택을 거주자가 독립된 개별주택에 살고, 공유공간을 가지되 이웃 간 공동체 문화를 축적할 수 있도록 배려하여 제공된 주택이라고 정의한 바 있다.

국외 문헌은 대표적인 공동체 주택으로 볼 수 있는 코하우징(Cohousing)을 중심으로 살펴 보았다. 코하우징은 개인 주거의 자율성과 공동체 생활의 장점을 결합한 개인 공간과 공유 공간이 혼합된 공동체 생활의 한 주거 형태이다(Williams, 2005). 코하우징의 형태는 다양하나 다수의 연구에서 공통적으로 개발 및 설계 과정에서의 주민 참여(Durrett, 2009), 공동체 유지를 위한 주민의 자발적이고 적극적인 참여(Brenton, 2013), 공유 공간(Durrett, 2009), 공동체 상호작용 활성화를 위한 공간 설계(Williams, 2005)를 핵심 요소로 강조하고 있다. 코하우징은 재산이나 이념을 공유하는 공동체와는 구분된다. 코하우징은 노인만 거주하는 시니어 코하우징과 다양한 연령대의 입주민이 거주하는 다세대 코하우징(intergenerational Cohousing)이 있다(Rogers, 2014; Labit & Dubost, 2016). 코하우징 입주를 선택한 노인들은 공동체성과 상호지원을 가장 큰 입주 동기로 밝힌 바 있으며, 실제로 코하우징은 입주민 간 공동체 의식을 활성화할 수 있도록 물리적으로 설계된다(Glass, 2012).

　이상의 선행 연구 검토 결과, 노인 주거공동체의 핵심 원리는 지역사회를 기반으로 노인들이 함께 거주하며 AIP와 관련된 공통 목적을 위해 공동체 활동 및 공동체성을 활성화하는 것을 지향하는 것으로 볼 수 있다. 노인 주거공동체의 입주 대상은 노인으로 한정되기도 하며, 노인을 포함한 다양한 세대(multigeneration)로 구성되기도 한다. 국내 문헌에서 논의되고 있는 노인 주거공동체는 대부분 입주민이 노인으로 한정된 주거유형이며, 국외 문헌에서는 다양한 세대가 함께 사는 다세대 주거유형에 대한 논의도 이루어지고 있다. 노인 주거공동체 논의에 있어 공동체 활동이나 공동체성은 주택의 '공통 목적'에 따라 다양하게 정의될 수 있다. 예를 들어, 구성원 간의 소속감이나 연대를 기반으로 한 사회적 교류 활동, 노년기의 심리적 고독감 해소를 위한 활동, 상호 돌봄, 사회문제 해결과 같은 사회적 가치 창출을 위한 자원봉사 및 비영리적 사업 수행 등 상호 연대와 호혜적 관계 속에서 수행되는 일련의 활동들을 공동체 활동으로 볼 수 있다.

　국내외 문헌 고찰을 토대로 이 연구에서는 노인 주거공동체를 '지역사회에서 노인의 AIP가 가능하도록 공유 공간을 통한 공동체 활동 및 공동체성 활성화를 지향하는 주거 모델'로 정의한다. 이러한 정의로 접근해 볼 때 [그림 1-2]에서 제시한 다양한 주거 유형은 이론적으로 모두 다 다양한 형태의 공동체가 될 수도, 그렇지 않을 수도 있다.

2. 지역사회 기반 노인 주거공동체 모델과 실증 연구: 국내 주거공동체 문헌 검토

1) 국내 주거공동체 문헌 검토

(1) 실증 문헌 선정 결과

국내 검색 데이터베이스(Dbpia, Kiss, RISS)를 이용하여 '노인'과 '공동체주거' '공동체주택' '주거공동체'를 키워드로 검색을 실시하였다. 선정 기준은 2000년 이후 국내에서 출판된 문헌으로 국내 학회지의 학술지와 학술논문, 연구기관 보고서, 동료 평가(peer-review)를 거치지 않은 회색 문헌(grey literature)을 포함하였다. 배제 기준은 노인이 함께 모여 사는 주거공동체와 관련 없는 내용의 문헌, 학술대회 발표 자료인 경우로 정하였다.

검색 결과, 총 274개 문헌이 검색되었으며, 이중 중복 문헌 104개를 제외하였다. 170개 문헌의 제목과 초록을 검토하여 이 연구 주제와 맞지 않는 148개의 문헌을 제외하였으며, 22개 문헌의 원문을 검토한 후 최종 9개의 문헌을 선정하였고, 주요 학술지를 대상으로 수기 검색을 실시하여 이 연구 주제와 부합하는 9개의 문헌을 추가하였다. 이러한 과정을 통해 총 18개의 문헌을 분석 대상으로 선정하였다([그림 2-1] 참조).

(2) 주제 범위 분석 결과

최종 선정된 18개 문헌 분석 결과, 다음과 같이 ① 주거공동체의 실태 및 특성에 대한 이해(n=9), ② 주거공동체 거주자의 생활 및 만족도 관련 경험(n=5), ③ 욕구 분석 및 실현 가능성(n=4) 총 3개의 주제로 분류하였다.

① 주거공동체의 실태 및 특성에 대한 이해

9개의 문헌은 주거공동체의 실태 및 특성을 다루고 있다. 이는 최종 선정 문헌의 50%에 해당하며, 가장 높은 비중을 차지하고 있다. 이 범주에 해당하는 문헌들에서는 국내 노인 주거공동체에 대한 심도 있는 이해를 목적으로 실제 운영되고 있는 주거공동체 사례를 통해 주거공동체의 운영 배경 및 작동방식 등 전반적인 실태를 파악하고(김유진, 2016a), 주거공동체의 특성을 도출하거나(박중신 외, 2014), 성공적인 운영을 위한 방향을 제시하였다(이재향, 조벽호, 2012; 김영란 외, 2013). 김유진(2016b)은 독거노인 공동생활가정 사례 분석을 통해 농촌의 공동생활 거주 재가 마을의 공동체적 속성을 해치지 않도록 노인과 지역이 함께 공동체에 비전을 공유하고, 농촌의 공동체성을 유지, 강화하기 위한 지속적인 고민이 필요함을 강조하였다. 지방자치단체별로 시행되고 있는 684개소의 공동 생활 홈을 대상으로 운영 실태를 분석한 박중신 외(2014)는 공동생활 홈의 설치 지역과 유형, 운영 주체 등을 분석하였으며, 운영 주체는 해당 마을회 스스로가 담당하는 것이 바람직하다고 주장하였다. 지역사회 생활공동체 활성화를 1인 가구 돌봄 지원 방안으로 제안한 김영란 외(2013)에서는 활성화를 위해 노인과 마을 주민이 공동체에 대한 비전과 인식 공유, 마을 리더 양성 및 교육, 지방정부의 행정적 지원 등의 필요성을 제언하였다. 도시 내 코하우징에 초점을 맞춘 이재향, 조벽호(2012)는 문헌 연구를 통해 성공적인 코하우징 운영을 위한 방향을 제시하였는데, 거주자들이 직접 참여하면서 공동체의 삶을 구현하기 위해서는 휴먼웨어 활동이 필요하며, 주민 간 상호 협력을 기반으로 사생활을 보장받을 수 있는 하드웨어(물리적 공간), 계획 과정 및 주거 관리까지 거주자 주체의 참여, 운영 체계(소프트웨어) 확립의 중요성을 강조하였다.

한편 지역사회 노인 돌봄 공동체에 대한 이해를 바탕으로 여성주의 관점에서 기존의 공동체 특성을 비판적으로 고찰한 이동옥(2020)은 공동체 구성원이 노인 돌봄으로 소진되지 않도록 서비스와 제도를 활용해야 하며, 남성의 돌봄 참여 독려 및 돌봄의 분배에 기초한 돌봄 민주주의가 요청되어야 할 필요성을 제기했다.

주거공동체 운영에 있어 거주자의 만족도 향상을 위한 중요한 수단으로서 공유 공간에 초점을 맞추어 그 특성을 살펴본 신동관, 한영호(2011)는 노인의 여가 활동이 노인의 역할 상실 및 소외감으로 인한 정서적인 문제 해결에 있어 중요한 역할을 하며, 노인 공동 주거시설 내 공용 공간이 노인의 활동을 지원할 수 있으며, 노인의 생활 만족도 향상을 위한 중요한 수단임을 강조하였다.

일부 연구는 문헌 자료를 활용하여 고령자 서비스 지원주택(장주영 외, 2021) 및 노인 주거공동체(장주영 외, 2020)에 대한 유형화를 시도하였으며, 이론 검토를 통해 정부가 추진하는 K-CCRC는 기본 방향 도출을 시도한 문헌도 있다(김재현, 김명식, 2021). 이 문헌에는 연구 결과를 통해 K-CCRC는 지역 균형 발전의 맥락 아래 지역사회와 연계된 전원의 입지 조건과 저층 분산 배치된 공간의 조건을 충족하여야 하며, 주거(Independent Living)와 양로원(Nursing Home), 요양병원(Nursing Hospital), 돌봄센터(Adult Day Care Center), 생활지원시설(Assisted Living), 통합 돌봄 공간(Community Care)으로 6가지 공간의 기능이 갖춰줘야 한다고 제안하였다.

9개의 문헌 중 참여 관찰 및 심층 인터뷰 자료를 활용한 한 개(김유진, 2016b) 문헌을 제외하고 대부분 문헌 자료를 활용하여 분석하였다.

② 주거공동체 거주자의 생활 및 만족도 관련 경험

5개의 문헌은 실제 노인 생활공동체 거주자의 생활 경험과 만족도와 관련한 것이었다. 이 연구들은 2012년부터 2020년까지 수행되었는데, 모두 김제시 독거노인 생활공동체 거주자를 대상으로 진행된 것이 특징이다[유은주 등(2013)은 강원도에 거주하는 노인을 추가로 분석함]. 이 중 3개 연구는 노인 생활공동체를 사회적 돌봄 체계로서 대안 가족의 관점으로 바라보았는데, 2012년에 수행된 정인수 외(2012)에서는 설문조사 결과, 생활 공동체 거주자의 생활 만족도가 매우 높게 나타났으며, 거주자끼리 서로의 생활 및 관심사를 공유하고, 가족적인 친밀한 감정을 갖고 있어 대안적 가족으로서의 가능성을 긍정적으로 예상하였다. 김유진(2016b)과 유은주 등(2013)은 심층 면접과 참여 관찰을 통해 거주 노인의 생활 경험을 심층적으로 분석하였는데, 거주자들은 오래된 이웃과 함께 서로 의지하며, 상호의존 관계를 형성, 이를 통해 정서적·심리적 위안을 느끼고 있는 것으로 나타났다. '시니어 코하우징'이라는 표현을 사용한 양은진, 김순은(2017)에서는 거주자의 사회자본 형성 과정을 분석하였는데, FGI 결과, 노인 생활공동체 생활경험에서 '관계'와 관련한 의미가 많이 도출되었고, 공동체 내 관계와 상호작용이 노인의 삶의 질과 생활에 긍정적인 영향을 미침을 밝혔다. 가장 최근에 수행된 이상록, 도유희(2020)는 노인 생활공동체의 특성이 거주 노인들의 생활 만족도에 미치는 영향을 다중회귀분석을 통해 검증하였는데, 지역사회 및 구성원 간 상호관계 등 사회적 관계가 생활공동체의 특성 중 가장 중요한 측면임을 보여 주었다.

③ 욕구 분석 및 실현 가능성

4개 문헌은 노인 주거공동체에 대한 욕구 및 노인 주거공동체가 가족 대안으로서 수용 가능한지에 대한 내용이었다. 이진숙(2010)은 가족 대안으로서 노인 생활공동체의 가능성을 문헌연구 및 사례조사를 통해 탐색적 수준에서 분석하였는데, 노인 생활공동체에서 발견된 생활과 관심사 공유, 친밀한 가족적 감정 형성, 우리라는 공동체 의식 등이 대안가족의 공통적 특성에 부합하여 가족적 대안으로서 수용 가능할 것이라고 분석하였다.

고령자 대상 소규모 공동체 주택의 계획 요소를 파악한 이연숙 등(2019)은 사용자가 직접 주택 계획에 참여하는 소규모 워크숍 형태로 고령자 대상 소규모 공동체 주택에 대한 요구 파악을 시도하였다. 분석 결과, 참여자들은 10세대 내외의 소규모를 선호하였으며, 공동작업 공간에 대한 요구, 사생활 보호에 대한 욕구, 친숙한 이미지를 부각할 수 있는 외관에 대한 욕구 등을 나타냈다.

커뮤니티케어를 위한 고층 아파트 개발의 개선 방향을 도출한 서현보(2022)는 서울에 거주하는 노인을 대상으로 물리적 환경 변화가 교류활동에 미치는 영향을 조사하였다. 분석 결과를 통해 사회적 교류 향상을 위해 지역 공동체를 고려한 개발이 진행되어야 하며, 주거지역에서 유대를 형성하고 교류를 용이하도록 하기 위해 집주변 공간과 공원을 활용할 필요가 있음을 제안하였다.

시니어 쉐어하우스의 국내 도입 가능성 및 개발 방향을 탐색한 염혜실과 권오정(2014)은 조사 결과를 통해 시니어 쉐어하우스가 노후 주거 대안으로 가능하다고 제안하였으며, 일반형과 저렴형, 고급형 세 가지의 시니어 쉐어하우스 유형을 제안하였다.

(3) 소결

공동체 개념이 강조된 노인 주거 관련 국내 실증 문헌 분석 결과, 현재까지 노인 주거공동체에 대한 합의된 정의는 발견할 수 없었으며, 이에 대한 명확한 개념을 제시한 연구도 거의 없음을 확인하였다. 분석 대상 논문 중 절반이 노인 주거공동체의 실태 및 특성에 관한 내용으로, 노인 주거공동체에 대한 연구가 시작된 지 얼마 지나지 않아 이에 대한 개념과 사례, 운영 전략 및 방향 등에 대한 고찰이 주로 진행되었다. 국내에 빌리지(Village)나 코하우징(Cohousing)과 같은 공동체 주거 모델이 거의 없는 상황에서 다수의 문헌은 한국형 시니어 코하우징으로 볼 수 있는 전라북도 김제시의 독거노인 생활공동체를 중심으로 거주자의 경험에 대한 논의를 진행하였다. 참여 관찰 및 심층 인터뷰를 통해 주거공동체에서의 생활과 만족도에 대한 심층적인 이해를 시도하였으며, 최근 연구에서 주거공동체의 특성과 거주자의 생활 만족도와의 관계에 대한 실증적인 분석을 실시하여(이상록, 도유희, 2020) 노인 주거공동체에서의 거주가 삶의 질 등에 미치는 영향에 대한 실증연구는 거의 없는 것으로 확인되었다. 연구 결과를 토대로 노인 주거공동체의 성공적인 운영을 위한 방안을 제시함에 있어서도 공동체 내의 상호관계의 중요성 강조 등 다소 추상적

수준에서 논의가 이루어졌으며, 공동체 내 프로그램이나 공유 공간 등 구체적 수준의 논의까지는 이루어지지 못하고 있다.

이상의 국내 문헌 분석을 통해 노인 주거공동체에 중요한 함의는 다음과 같다.

첫째, 입주민 간 교류를 위한 주거공동체 내 공유 공간뿐만 아니라 입주민과 지역 주민이 자유롭게 모여 교류하고 관계를 맺을 수 있는 공간이 필요하다(김영란 외, 2013; 박중신 외, 2014; 서현보, 2022). 주거공동체 내에 지역 주민과 교류할 수 있는 공간을 별도로 마련하는 방안과 주변의 공간 또는 공원 등을 활용한 교류 활동 장소를 마련할 필요가 있다. 주거공동체 생활을 통한 사회적 교류 및 관계는 공동체 생활 유지 및 참여에 긍정적 영향을 미치며(양은진, 김순은, 2017), 이웃의 세대 간 소통은 지역 공동체 유대를 강화하기 때문이다(이동옥, 2020).

둘째, 지역 공동체에 대한 소속감 증진 및 공동체성 향상을 위해 다양한 지역사회 활동 참여가 중요하다. 국내 문헌에서는 돌봄이 필요한 주거공동체 거주 노인을 위해 마을 청년회와 부녀회 등 다양한 지역 자원이 지역 내 돌봄 인프라를 구축할 필요가 있다고 제언하였다(유은주 외, 2013; 김유진, 2016a). 입주민의 지역 공동체 소속감 향상을 위해 입주민의 건강 상태가 양호할 때는 봉사활동 등 지역의 다양한 활동 참여를 통해 입주민이 지역사회에 기여하고, 이러한 관계를 기반으로 향후 입주민이 돌봄이 필요해졌을 때는 지역 자원으로부터 도움을 받을 수 있는 체계 구축이 중요하다.

셋째, 코하우징(Cohousing) 모델과 같이 개발 단계부터 입주민이 참여할 수 있는 기회를 마련할 필요가 있다. 주택 계획 단계에서 예비 입주민과 설계자, 시공자, 토지 사용자 등이 함께 그 지역의 이미지를 그리고 참여할 때 성공적인 공동체의 삶을 실현할 수 있다(이재향, 조벽호, 2012).

넷째, 노인의 다양한 특성과 욕구를 고려하여 심층적인 주거 욕구를 파악하고 관련 서비스 및 정보 제공, 지역사회 자원 연계 등 실질적 도움을 줄 수 있는 코디네이터 역할을 할 수 있는 주거복지사와 같은 전문 인력을 배치할 필요가 있다(염혜실, 권오정, 2014).

(단위: 편)

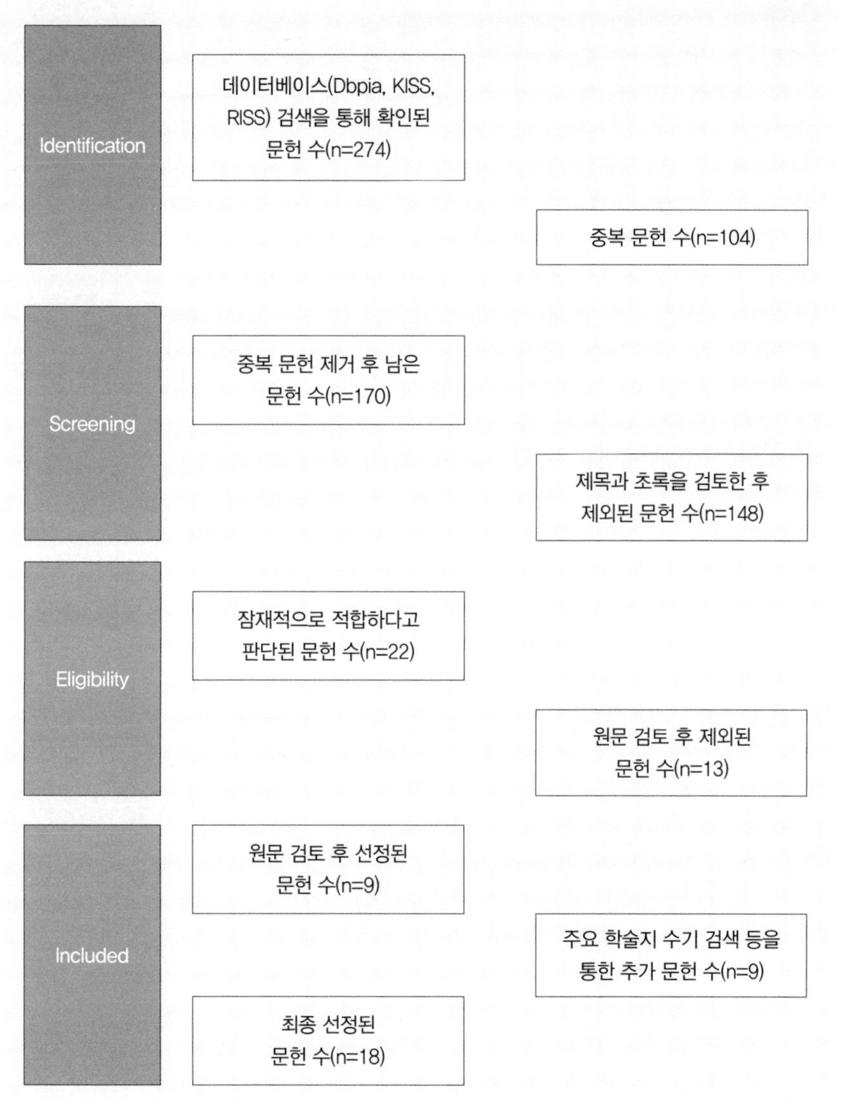

Identification	데이터베이스(Dbpia, KISS, RISS) 검색을 통해 확인된 문헌 수(n=274)	중복 문헌 수(n=104)
Screening	중복 문헌 제거 후 남은 문헌 수(n=170)	제목과 초록을 검토한 후 제외된 문헌 수(n=148)
Eligibility	잠재적으로 적합하다고 판단된 문헌 수(n=22)	원문 검토 후 제외된 문헌 수(n=13)
Included	원문 검토 후 선정된 문헌 수(n=9)	주요 학술지 수기 검색 등을 통한 추가 문헌 수(n=9)
	최종 선정된 문헌 수(n=18)	

[그림 2-1] **국내 노인 주거공동체 문헌 선택 과정**

〈표 2-1〉 국내 노인 주거공동체 관련 논문

번호	저자(연도)	제목	주거유형	연구의 주요 내용	연구방법	자료수집방법
1	김영란 외(2013)	지역연대에 기초한 노인 1인가구돌봄지원방안-노인돌봄공동체 사례를 중심으로	노인 돌봄공동체	노인 돌봄공동체 사례를 통해 일상 돌봄과 정서적 돌봄을 위한 공동체 운영방안 도출	질적 연구방법(사례분석)	문헌자료
2	김유진(2016a)	'지역 공동체 내에서 나이 들어가기' 관점에서 살펴본 농촌지역 독거노인 공동생활거주제에 관한 연구	독거노인 생활공동체	농촌지역 독거노인 돌봄에 대한 으로 시도되고 있는 공동생활 거주제를 '지역 공동체 내에서 나이 들어가기(aging in community)'틀에 비추어 탐색	질적 연구방법(사례연구)	참여관찰, 심층면접자료
3	김유진(2016b)	농촌지역 독거노인 공동생활거주에 관한 질적 사례연구	공동생활가정	김해 지역의 독거노인 공동생활 가정의 사례를 연구 대상으로 하여 농촌지역 독거노인 공동생활 가구의 실체를 탐색(배경, 영향요인, 작동방식 등)	질적연구방법(Stake식의 도구적, 집합적 사례연구)	참여관찰, 심층 인터뷰, 문헌 및 시청각 자료
4	김제현, 김명식(2021)	초고령화 시대 한국판 은퇴자복합공동체마을(K-CCRC) 조성에 관한 이론적 고찰-연령통합기반의 K-CCRC를 중심으로	CCRC	CCRC 관련 선행연구 검토를 통한 K-CCRC 모형 개발 및 조성의 기본 개념과 방안 제안	non-empirical	선행 연구, 문헌자료
5	박종신 외(2014)	농촌지역 독거노인 공동생활홈의 운영실태에 관한 조사연구	공동생활홈	독거노인 공동생활홈에 대한 개념정립 및 운영실태에 대한 사례 조사를 통해 향후 공동생활홈 조성방향 고찰	질적연구방법(사례연구)	행정자료분석 및 현장조사

6	서현보(2022)	노인 커뮤니티케어를 위한 지역공동체와 고층 아파트 개발-이론과 선행연구 및 심층인터뷰 기반의 개선 방향 탐색	일반 (고층아파트)	주거 환경이 이웃 간 교류활동에 주는 영향을 탐색, 커뮤니티케어를 위한 지역공동체 개발 시 개선 방향 제안	질적연구방법(심층인터뷰)	심층 인터뷰 자료
7	신동관, 한영호 (2011)	노인공동주거시설의 공용공간 특성에 관한 연구-노인 여가활동 유형 중심으로	노인복지주택	공동체 문화를 위해 노인공동주거단지시설 내 공용공간 구성을 위한 기초자료 마련	질적연구방법(사례연구)	문헌자료
8	양은진, 김순은 (2017)	시니어 코하우징 입주 노인들의 사회 자본 형성과정에 관한 연구: 김제시 한울타리 행복의 집을 중심으로	시니어 코하우징	시니어 코하우징 입주민의 자본 형성 과정과 이것이 삶의 질 및 생활에 미치는 영향을 분석	질적연구방법(FGI)	심층 인터뷰 자료
9	염혜실, 권오정 (2014)	노인 1인가구를 위한 시니어 쉐어하우스 개발에 관한 연구	시니어쉐어하우스	노인 1인 가구를 위한 주거대안으로써 시니어 쉐어하우스의 국내 도입 가능성 탐색	양적연구방법(교차분석, 카이검증)	1:1 설문조사
10	유은주 외(2013)	농촌 공동생활가정 거주 노인의 공동생활체 경험 연구	공동생활가정	공동생활가정 거주 노인들의 생활 경험	질적연구방법(현상학적연구방법)	심층면접, 참여관찰
11	이동옥(2020)	여성주의 관점에서 대안적 노인여성 공동체에 관한 연구: 사회참여와 노인돌봄을 중심으로	노인여성공동체	사회참여와 노인돌봄을 중심으로 대안적 노인여성 공동체 탐색	질적연구방법(문헌연구)	문헌자료, 미디어분석

	저자(연도)	제목	노인 생활공동체	목적	연구방법	자료
12	이상록, 도유희 (2020)	농촌지역 생활공동체의 특성이 노인들의 생활만족도에 미치는 영향	노인 생활공동체	농촌지역 노인 생활공동체의 특성과 노인 생활만족도의 관계	양적연구방법(다중회귀분석)	설문조사자료
13	이연숙 외(2019)	소규모공동체주택 개발을 위한 고령자 참여 계획 연구	고령자 대상 소규모공동체주택	소규모공동체주택에 대한 요구 파악	질적연구방법(소규모 포커스그룹)	소규모포커스그룹
14	이재항, 조벽호 (2012)	고령사회에 대응한 도시형 교하우징 내 세대교류 활성화 계획에 관한 연구	교하우징	세대간 교류 활성화를 중심으로 한 도시 내 교하우징 운영 방향	질적연구방법(문헌연구)	문헌자료
15	이진숙(2010)	가족대안으로서의 농촌 독거노인 생활공동체에 대한 연구	독거노인 생활공동체	가족적 대안으로서의 생활공동체 탐색	질적연구방법(사례연구)	문헌자료, 인터뷰
16	장주영 외(2021)	서울·경기지역 고령자 서비스 지원주택 유형 특성에 관한 연구	고령자 서비스 지원주택	'고령자 서비스 지원주택'의 유형화 및 특성 탐색	질적연구방법(사례연구)	문헌자료
17	장주영 외(2020)	AIP를 위한 노인공동체 주거 유형에 관한 연구	노인공동체 주거	노인공동체 주거의 공간적 사회적 환경의 분석을 통한 유형화	질적연구방법(문헌연구)	문헌자료
18	정인수 외(2012)	농촌지역 독거노인 생활공동체 가구의 가구만족도	독거노인 생활공동체	독거노인 생활공동체 가구 만족도	혼합연구(면접조사, 평균비교, 상관관계 분석)	현지관찰, 인터뷰, 설문조사

2) 해외 공동체 주거 문헌 검토

(1) 해외의 공동체 주거 모델

이 문헌분석에 포함된 총 21건의 학술자료에서는 북미, 유럽에서 운영 중인 6개 시니어 주거 모델에서의 입주민 공동체성을 중심으로 검토하였다. 해당 주거 모델은 미국의 연속형 돌봄 주거단지(Continuing Care Retirement Communities)와 자연 발생적 은퇴 주거단지(Naturally Occurring Retirement Communities), 빌리지(Villages) 모델과 영국 및 뉴질랜드의 은퇴자 마을(Retirement Village) 등 특정 국가를 넘어 북미, 유럽의 다양한 국가에서 운영 중인 코하우징(Cohousing) 모델을 포함한다.

미국의 연속형 돌봄 주거단지(Continuing Care Retirement Communities, 이하 CCRC)는 하나의 주거단지에 입주민의 독립생활 가능수준에 따라 다양한 주거 옵션이 제공되는 유형이다. CCRC에는 충분히 스스로 독립적인 생활을 영위할 수준에도 입주가 가능하며 추후 건강이 악화되어 요양서비스가 필요할 때에도 동일한 단지 내에서 서비스를 제공받을 수 있다. 주로 독립형 주거시설(Independent Living Facilities, 이하 ILF), 생활보조시설(Assisted Living Facilities, 이하 ALF), 요양원(Nursing Home)이 같은 단지 내에 위치하고 있으며, 치매 환자를 위한 특화형 주거시설(Memory care units)이 병설되어 있는 경우도 있다. ILF는 노인 전용 또는 노인 우선 입주 아파트를 주로 일컬으며, 개별 침실과 거실, 주방 등 독립적인 공간이 제공된다(Wacker & Roberto, 2013). 또한 서비스 연계 및 사회서비스 제공을 위한 전담 인력인 서비스 코디네이터(Service Coordinator)가 상주하여 입주 노인의 AIP를 지원한다. ALF는 ILF에서 제공되는 독립적인 생활공간에 더해 24시간 건강 모니터링을 위한 간호사 등 전문 보건인력이 상주하여 ILF보다 높은 수준의 돌봄 서비스가 제공되는 유형이다(Kisling-Rundgren, Paul Ⅲ, & Coustasse, 2016). 요양원(Nursing Home)은 ILF, ALF 입주 노인보다 높은 수준의 장기 요양서비스가 필요한 입주민에게 서비

스를 제공한다. 영국과 뉴질랜드에서도 미국의 ILF와 유사한 기능을 수행하는
시니어 주거 모델인 은퇴자 마을(Retirement Village)이 존재하며, 일부 유형의
경우 CCRC처럼 단지 내에서 요양서비스까지 제공한다(Evans, 2009; Nielson et
al., 2019). 은퇴자 마을 유형에서는 입주민에게 독립적인 생활공간이 제공되
고 문화ㆍ여가시설이 단지 내에 운영되고 있으며, 그 외 AIP 지원을 위한 서비
스(예: 안부확인, 식사지원, 돌봄) 직접 제공 또는 연계, 24시간 응급지원 서비스,
주택 유지보수 서비스가 제공된다는 공통적인 특징이 있다(Evans, 2009; The
Retirement Villages Association of New Zealand, n.d.).

　자연 발생적 은퇴 주거단지(Naturally Occurring Retirement Communities, 이
하 NORC)는 계획, 설계 단계부터 노인을 위해 지어진 주거 모델이 아닌 시간이
흐르면서 노인인구의 밀집이 자연스럽게 이루어진 곳을 의미하는 미국의 시
니어 주거 모델이다(Hunt & Gunter-Hunt, 1986). NORC는 소규모의 아파트 단
지가 될 수도 있고 동네 전체로 정의될 수도 있다. 노인 밀집이 높은 NORC 지
역에서는 노인의 AIP를 위한 서비스 욕구에 대응하여 NORC-SSP(Supportive
Service Programs)이 개발되었다(DePaul et al., 2022). NORC-SSP에서는 NORC
거주 노인에게 다양한 보건ㆍ복지 서비스를 연계함으로써 입주민의 AIP를
지원하며, 지원 내용에는 여가, 문화, 교육, 사회활동 지원 등의 사회적 서비
스와 건강검진, 건강교육, 운동 등 건강증진서비스가 포함된다(Greenfield &
Mauldin, 2017).

　미국의 빌리지(Villages) 모델은 독립적으로 일상생활이 가능하고, 시설이
아닌 지역사회에 거주하는 노인을 중심으로 자발적으로 조직된 노인 공동체
모델이다(Graham et al., 2018). 빌리지는 회원제로 운영되며 주로 사회적 욕구
에 기반한 서비스가 제공된다. 제공되는 서비스 종류는 빌리지에 따라 상이하
며, 회원 간의 협의를 통해 기획ㆍ운영된다(Greenfield et al., 2013). 대표적인
서비스로는 교육ㆍ문화ㆍ여가 프로그램, 병원 및 장보기 동행 등 교통지원, 스
마트폰, 컴퓨터 등 전자기기 활용지원, 집수리, 말벗 등 정서지원, 지역사회 자

원 안내가 포함된다(Greenfield et al., 2013; Graham et al., 2022).

코하우징(Cohousing)은 덴마크에서 처음으로 개발되어 북미와 유럽을 중심으로 꾸준히 증가하고 있는 공동체 주택이다. 공유 공간을 중심으로 개인 주택을 조성한 공동체 주거 유형인 코하우징은 개발 단계부터 입주민이 적극적으로 개입하여 부지에 대한 공동소유 및 공동관리를 원칙으로 한다(The Cohousing Association of the United States, n.d.). 단독주택, 아파트 등 다양한 형태로 존재하며 10채 이하부터 50채 이상까지 규모도 다양하다(Boyer & Leland, 2018). 노인만 거주하는 모델(Senior Cohousing)도 있으며, 특정 세대에 국한하지 않고 다양한 연령대로 입주민이 구성된 모델(Intergenerational Cohousing)도 존재한다(Rogers, 2014; Labit & Dubost, 2016). 입주민 간의 사회적 교류를 촉진하기 위해 공유 공간을 활용한 사회적 교류 프로그램이 서비스의 주축을 이루며, 전문적인 보건복지서비스가 이루어지는 모델은 아니다(Critchlow & Moore., 2012; Glass, 2013; Ahn & Treger, 2018).

(2) 관련 실증연구 결과

해외에서는 노인의 AIP와 관련하여 시니어 주거 모델이 갖는 함의에 대한 연구가 지속적으로 이루어져 왔다. CCRC와 Retirement Village 등 서비스가 연계되는 주택에 대한 실증연구에서는 입주 노인에게 욕구에 따라 서비스가 적절히 제공·연계될 경우 노인의 입원, 응급의료서비스 이용, 요양원 이주 빈도가 감소하고 예방 의료서비스 이용 빈도가 증가하며 인지능력 저하를 예방하는 데에도 기여할 수 있음을 밝히고 있다(예: Spillman, Biess, & MacDonald, 2012; Castle & Resnick, 2016; Park, Kim, & Kwon, 2018; Park, Kwon, Kim, & Han, 2019). 또한 자연적으로 형성된 노인 주거단지인 NORC에서 제공되는 서비스(NORC-SSP)에 대한 실증연구에 따르면, 입주민의 사회적 참여 수준과 주민 간의 교류 수준을 높이는 데에 기여했다(Enguidanos et al., 2010).

지역사회 기반 자발적 노인 공동체 모델인 빌리지(Village) 회원을 대상으로 진행한 연구에 따르면, 빌리지 회원으로 활동함으로써 스스로 AIP에 대한 자신감이 향상되었으며 시설 입소에 대한 걱정이 줄어들었다(Graham et al., 2018). 빌리지 회원들은 빌리지 가입 전보다 사회적으로 연결되어 있음을 느끼게 되었으며 도움을 요청할 수 있는 동료 회원이 있어 든든함을 갖게 되었다(Graham et al., 2017). 회원들은 가입 전에 비해 지역사회 자원에 대한 접근성이 향상되었다고 응답하였다(Graham et al., 2014).

공동체 주택인 코하우징(Cohousing)에 거주하는 노인은 공동체 활동에 참여함으로써 삶의 질이 전반적으로 향상되었으며(예: Cooper & Rodman, 1994; Nusbaum, 2010; Choi & Paulsson, 2011; Alonso & d'Argemir, 2017), 주관적 건강상태가 향상되었다(예: Glass, 2009; Glass, 2012). 사회적 지지수준도 증가하였으며(예: Nusbaum, 2010; Glass 2013; Glass & Vander Platts, 2013; Jolanki & Vilkko, 2015; Alonso & d'Argemir, 2017), 입주민의 공동체 의식도 향상되었다(예: Meltzer, 2000; Glass, 2013; Ruiu, 2015).

이처럼 다수의 실증연구에서는 시니어 주거 모델이 노인의 AIP를 촉진하는데에 주요한 함의를 시사하고 있음을 밝히고 있다. 기존 연구 중에는 지역사회를 기반으로 AIP를 지원하는 각국의 다양한 시니어 주거 모델의 특성과 역할을 비교하기 위해 관련 실증연구를 체계적으로 분석한 연구도 있었지만(예: Chum et al., 2022), 시니어 주거 입주민의 공동체성에 대한 연구를 포괄적으로 검토한 연구는 아직까지 찾아볼 수가 없다. 이에 이 연구에서는 시니어 주거 입주민의 공동체성을 중심으로 연구한 실증연구들을 체계적으로 고찰하고자 한다.

(3) 문헌 선정 과정 및 결과

국외 검색 데이터베이스(PsycINFO, CINAHL, MEDLINE, Scopus, and PubMed)를 이용하여 '노인'과 '공동체주거' '주거공동체' 그리고 '공동체의식'에 관련된 검색어를 중심으로 검색을 실시하였다. 선정 기준은 2000년 이후 영문으로 출판된 문헌으로, 지역사회 기반 노인 주거 모델들(예: NORC, Village, Cohousing,

Retirement Village 등)에 기반한 논문들을 포함하였다. 또한, 공동체 혹은 커뮤니티의 개념이 반영된 논문을 찾기 위하여 관련 검색어(공동체 소속감, 유대감, 지역사회 조직화 등)가 포함될 수 있도록 검색하였다. 배제 기준은 ① 독립생활 가능한 노인을 타겟으로 하지 않는 시설(예: 요양원, 치매전문요양시설 등)을 조사한 경우와 ② 동료 평가(peer-review) 과정을 거치지 않은 논문인 경우로 정하였다. 검색 결과, 총 326개 문헌이 검색되었으며, 검색 기준에 맞게 한 번 더 분류한 후(198개 제거) 중복 문헌(45개) 또한 제외하였다. 그 후 연구팀원들이 각각 여러 차례에 걸쳐 제목과 초록을 읽고 적합하지 않은 논문(42개)을 제거하였다. 이후 원문 검토 대상인 41개의 논문이 추려졌고, 팀원들의 의논을 거쳐 30개가 제거되었으며 주요 학술지를 대상으로 수기 검색을 실시하여 이 연구 주제와 부합하는 9개의 문헌을 추가하였다. 이러한 과정을 통해 총 21개의 문헌을 분석 대상으로 선정하였다([그림 2-2] 참조).

(4) 주제 범위 분석 결과

최종 선정된 21개 문헌 분석 결과, 대부분의 문헌은 질적 연구였으며(n=11), 그 뒤를 양적 연구(n=5)와 혼합 연구(n=4)가 이었다. 또한, 사례 연구에 기반한 비실증 논문도 1개 포함되었다. 최종 문헌에는 다양한 국가들을 대상으로 한 연구가 포함되었는데(캐나다 2개, 덴마크 2개, 핀란드 2개, 뉴질랜드 2개, 네덜란드 1개, 영국 1개), 다수의 연구는 미국 기반 연구였다(11개). 또한, 주거 시설의 종류도 다양하였으나(CCRC 3개, NORC 3개, Retirement village 3개, 노인 아파트 1개, 빌리지 1개) 다수의 연구는 코하우징(10개) 기반이었다. 21개의 최종 문헌 중 이론이나 개념적 틀을 이용한 연구는 9개(43%)였으며, 이용하지 않은 논문이 12개였다. 21개의 문헌 분석을 통해 3개의 주제가 도출되었으며, ① 주거공동체 입주민의 지역사회 생활 및 삶의 만족도(n=13), ② 지역 내 사회 참여 활동 및 프로그램(n=4) 그리고 ③ 지역사회 혹은 거주시설 내 물리·공간 디자인(n=4)의 3개 주제로 분류되었다.

① 주거공동체 입주민의 지역사회 생활 및 삶의 만족도

13개의 문헌은 주거공동체 입주민들의 지역사회 생활과 그에서 오는 사회 역동, 그리고 그들의 삶 및 웰빙에 초점을 맞추고 있다(예: 삶의 만족도, 외로움 등). 이 주제는 전체 주제 중 62%를 차지하고 있으며, 두 개의 논문을 제외하고는 모두 코하우징을 다루고 있었다. 이는 코하우징의 핵심 가치인 입주민들의 촘촘한 사회적 연결, 그리고 그로부터 오는 높은 삶의 만족도와 의미 있는 교류 활동을 잘 보여 준다(Levasseur et al., 2010). 이 주제 안에서 크게 두 개의 하위 주제가 도출되었는데, 입주민들 간의 갈등과 소외감, 외로움이 있었다.

- 입주민들 간의 갈등과 소외감

먼저, 지역사회 삶에서 사회적 연결이 주는 이점은 대부분 지속적으로 강조 되어 왔다. 다양한 종류의 사회 활동과 사회적 지지, 그리고 공동생활은 입주 민들에게 소속감을 주며 (Grant, 2007; Evans, 2009; Kang et al., 2012; Jolanki & Vilkko, 2015; Glass, 2020), 이는 외로움을 감소시키는 데에 기여하고(Rusinovic et al., 2019) 정신 건강 향상에 도움을 준다 (Weeks et al., 2023; Puplampu, 2020; Shippce, 2012). 그러나 몇몇 연구에서는 사회적 연결의 이면이 부각되었다. 한 논문(Rusinovic et al., 2019)에서는 네덜란드의 8개 코하우징 현장을 질적 방식 으로 조사하였는데, 입주민들은 공동생활을 통한 장점과 단점을 동시에 경험 하고 있었다. 코하우징에서는 밀접한 사회적 연결과 규범이 주어지는 경우가 많기 때문에, 그에 수반되는 갈등과 분열, 그리고 사회적 소외감도 생겨나게 되는 것이다.

미국의 독립생활시설과 비슷한 뉴질랜드의 은퇴 주거 단지 관련 연구 (Nielson et al., 2019)에서는 문화기술지적 분석을 통해 입주민 간의 사회적 연 결이 매우 제한적이었으며 일부는 소외감을 겪고 있는 것을 밝혀 냈다. 거주 시설은 기업 및 영리 기반으로 운영되고 있었기에 사회활동을 관리하고 제공 해 줄 수 있는 직원을 한 명도 고용하지 않았고, 사회활동에 활발하게 참여하는 거주민들의 사진이 붙은 광고와는 다르게 거주민 간의 사회적 연결은 매우 약했다. 기존에 형성된 그룹만이 소속감을 줄 수 있었고, 새로 들어오거나 건강이 악화된 입주민의 경우 소외와 낙인, 그리고 따돌림에 노출되었다. 영국의 은퇴 거주 단지 관련 연구(Evans, 2009)에서도 사회적 교류 활성화와 소속감 증진에 시설이 효과적인지 알아 보았는데, 입주민들 간에 소속감은 강했으나 전체적 소속감보다는 각 섹션(사회경제적 위치에 따른)의 소속감에 한정되었다.

• 외로움

지역사회 공동생활을 통해 외로움이 감소된다는 것은 잘 알려진 바 있다. Kang 등(2012)의 연구에서도, 코하우징으로 이주하게 된 가장 큰 동기는 소속감을 느끼고 고독감을 피하기 위한 것이었다. 그러나 다른 연구에서는 입주민들이 여전히 외롭다고 응답한 비율이 높았는데(Puplampu, 2020), 사회적 외로움은 잦은 이웃 교류를 통해 줄어들었더라도 사별, 이혼, 공허함 등에서 오는 감정적 외로움은 여전히 존재할 수 있기 때문이다. 또 다른 미국의 코하우징 연구(Glass, 2020)에서는 입주민들이 외로움을 느낄수록 퇴소를 고려할 확률이 높다고 이야기한다. 이러한 결과들은 코하우징들이 소속감 증진을 위한 활동과 서비스는 제공할지 몰라도, 외로움에 대한 대책은 충분하지 않을 수 있음을 시사한다. 많은 노인의 삶의 일부분인 감정적 외로움은 코하우징을 통해 해결되지 않고 있다.

② 지역 내 사회참여 활동 및 프로그램 참여

4개의 문헌은 입주민들의 지역사회 활동과 프로그램 참여에 관련한 것이었다. 3개의 NORC 모델 기반 연구와 1개의 빌리지 모델 기반 연구로 이루어진 이 주제는, 지역사회에서 노인들의 사회활동을 촉진시키기 위해 어떠한 활동들이 제공되는지, 프로그램 운영과 전달의 메커니즘에 초점이 맞춰져 있다.

프로그램 평가적 성격이 강한 Elbert와 Neufeld(2010)의 연구는 NORC이 미국 소도시 지역에서 성공적으로 운영되기 위한 요소인 프로그램 활동, 서비스 파트너십 등을 조사하였다. 지역사회 조직화를 위한 한 가지 방법은 이웃들로 이루어진 주민 자치회를 만드는 것인데, 이러한 과정을 통해서 다양한 교육 문화 및 사회활동, 교통지원, 의료서비스 연계 등이 전문가 및 이웃들 스스로를 통해 이루어진다. 그 외에도 접수나 돌봄, 전자기기 사용 도움, 사례관리, 정보 제공 등이 이루어지고, 이러한 이 지역사회 NORC 회원들의 요양원 배치율은 2%로, 미국 전체 평균(4.5%)과 주 평균(4.8%)보다 훨씬 낮은 수준이다(Elbert & Neufeld, 2010).

또 다른 NORC 연구(Anetzberger, 2009)에서는 어떻게 지역사회 조직화와 주민자치의 개념이 입주민들의 정주 욕구를 충족시키고 소속감을 증대하는 데에 쓰일 수 있는지 연구하였다. 이를 위해서는 사례 관리와 서비스 제공 그 자체보다는 자원 개발이나 서비스 코디네이션이 중요하다고 강조하였으며, 개개인의 선호 반영과 프로그램 운영의 탄력성이 강조되었다.

한 질적 연구(Greenfield & Mauldin, 2017)에서는 NORC 프로그램의 지역사회 활동들이 노인들의 사회통합에 미치는 영향을 보기 위해 뉴욕 지역의 입주민 41명을 인터뷰하였다. 결과적으로, 개인적 요소와 프로그램적 요소, 그리고 지역사회 기반 요소들이 모두 NORC 프로그램 참여율에 영향을 미치고, 그러한 참여율은 입주민들의 사회 환경부터 전반적인 소속감, 이웃과의 친밀감 등에까지 영향을 미쳤다. 하위 테마로 도출된 내용 중 소속감에 관해서는, 입주민들이 NORC 프로그램을 통해 이전에는 알지 못했던 사람들과 친해질 수 있었다고 언급하였다. 예를 들어, 지역사회 전체가 참여하는 식사 행사의 경우 다양한 나이대와 인종, 종교 등을 가진 사람들을 모이게 했으며 지역사회 자체에 소속되어 있다는 느낌을 강화하는 역할을 하였다. 빌리지 회원을 대상으로 한 양적 연구(Graham et al., 2017)에서는 절반 이상의 회원들이 소속감이 증대되고 믿을 수 있는 사람이 생겼다고 이야기하였다. 또한 연구에서는 고령의 여성이나, 장애가 있는 독거노인 등이 건강이나 삶의 만족도, 이동성 측면에서 더욱 혜택을 받을 수 있다고 언급하며 빌리지 모델의 사회적 연결 효과를 강조하였다.

③ 지역사회 혹은 거주시설 내 물리·공간 디자인

4개의 문헌은 지역사회 내의 물리적, 공간적 환경이 어떻게 입주민들의 편의와 정주 욕구를 충족시키는지에 관한 내용이 주를 이루었다. 한 CCRC 연구(Campbell, 2015)에서는 거주지의 환경에서 나타나는 입주민들의 사회적 욕구에 주목했는데, 공간에 대한 선호와 실제 이용 패턴을 결정짓는 요인은 무엇이며 그것이 어떻게 소속감을 만드는 데에 기여하는지 조사하였다. 가장 핵심이 되는 요인은 여러 활동에 적극적으로 동참하는 것이었고, 입주민의 실제 동선상에 공간이 위치하는지도 높은 이용률과 선호도의 주 요인이었다.

다른 CCRC 연구(Sugihara & Evans, 2000)에서는 은퇴 단지 내 물리적 특성들이 입주민들의 공간에 대한 애착과 사회적 네트워크에 영향을 미치는지 알아 보았다. 결과적으로, 활동이 많이 이루어지는 중심 건물과 가깝거나 정원과 가까울수록 공간에 대한 애착이 높았다. 다른 코하우징 연구(Pereira et al., 2019)에서는 도시와 농촌 지역 각각에서 공간에 대한 애착을 높일 수 있는 디자인 특성들을 탐색하였다. 농촌 지역 코하우징에서는 상대적으로 자연환경과 이웃 방문 시설이 강조된 반면, 도시 지역 코하우징에서는 상대적으로 기능적인 측면이 부각되었다. 또한 도시와 농촌 코하우징 모두 공용 주방과 담소를 나눌 수 있는 공용 휴식 공간이 입주민의 공간에 대한 애착을 높이는 데에 중요한 요소였다.

마지막으로, 핀란드의 한 질적 연구(Jolanki, 2021)에서는 한 공동거주 노인 아파트에 주목했는데, 그 아파트의 높은 시설 및 서비스 접근성과 주변 자연환경, 그리고 우수한 교통입지는 입주민들이 높은 삶의 주체성을 인식할 수 있도록 도왔다. 동시에, 지역사회 자원을 연계해줄 수 있는 커뮤니티 코디네이터와 사회활동을 계획하고 시행하는 입주민 자치주민회의 역할이 강조되었다.

물리적 및 사회적 환경이 잘 설계된다면, 입주민들은 독립생활과 정주 욕구, 그리고 소속감을 증대시킬 수 있을 것이라고 강조한다.

(5) 소결

공동체 개념이 강조된 노인 주거 관련 해외 문헌 분석 결과, 다수의 논문이 코하우징 기반이었으며 질적 연구가 주를 이루었다. 이는 공동체적인 성격이 짙은 코하우징의 특성과 공동체라는 양적 측정이 어려운 개념적 특성을 고려할 때 자연스러운 현상으로 보여진다. 각 주거 모델별로 공동체 주거에 대한 접근 방식이나 공동체 의식의 구현 패턴 또한 달랐으며, 입주민들의 개별적 특성(성별, 나이, 소득수준 등)에 따라서도 공동체 경험이 달랐다.

공동체 경험에 관한 논문들인만큼 공동체 의식은 '소속감' '연대감' 등으로 개념화된 경우가 많았으며 연관된 개념으로 '고독감'과 '외로움'에 대한 언급도 잦았다. 앞서 언급한대로 논문의 핵심 주제로는 입주민의 지역사회 생활 및 삶의 만족도에 관한 내용(주제 1)이 많았지만, 그것이 어떻게 사회적(주제 2) 혹은 물리적(주제 3) 특성을 통해 구현될 수 있는지에 관한 논문들도 적지 않게 찾아볼 수 있었다. 다만 공동체 개념을 조작적으로 정의하여 구체적으로 살펴본 논문이 많지 않고, 질적 연구 중에서도 공동체 의식에 관한 내용은 하위 주제에 그친 논문들이 많다는 점에서 다소 추상적인 수준에서 주거공동체에 대한 논의가 이루어지고 있음을 볼 수 있다.

이상의 해외 문헌 분석을 통해 노인 주거공동체 모델에 중요한 함의는 다음과 같다.

첫째, 주거공동체의 장점인 높은 사회적 연결과 연대감을 극대화시키면서도, 그에 수반되는 어려움과 단점을 인지하여야 한다. 앞서 언급된 문헌들에서 알 수 있듯, 소속감 증진과 외로움 감소의 효과도 있지만, 동시에 소외감도 높아질 수 있다. 특히 한 코하우징 연구에서 언급한 대로 사회 활동이나 교류 프로그램을 지원하는 코디네이터가 없다면, 소외를 겪는 입주민들이 지속적으로 생겨날 수밖에 없다(Nielson et al., 2019). 코디네이터는 입주자들이 활동을 계획하고 참여하도록 장려할 뿐 아니라 그들의 문제를 해결하고 가용 지역사회 자원을 연계하는 역할을 한다(Jolanki, 2021). 다시 말해, 무조건 모여 사는 것이 소속감을 만드는 것이 아님을 인지하고 입주민들의 활발한 교류와 활동을 위한 공동체 코디네이터 지원이 이루어져야 할 것이다.

둘째, 사회참여 프로그램을 설계하고 지원할 때 주민 자치의 개념을 적극 활용하여야 한다. 두 NORC 연구(Anetzberger, 2009; Elbert & Neufeld, 2010)가 강조하였듯, 서비스가 일방적으로 제공되는 것보다 주민 자치회를 구성하여 프로그램을 스스로 구성하고 전달할 수 있는 시스템을 마련하는 것이 중요하다. 자치성이 높아지면 높은 참여율로 이어질 것이고, 높은 참여율은 소속감 증진과 이웃과의 친밀감 상승이라는 결과를 낳게 된다. 한 NORC 연구에서도 강조된 바 있듯, 입주민들의 욕구와 관심에 기반한 프로그램이 구성되지 않으면 장기적인 프로그램 운영이 어려워지고 실행력이 떨어지게 된다(Greenfield & Mauldin, 2017).

거주시설별 예시를 살펴보면, 코하우징에서도 입주민들의 재능 기부 및 기여의 중요성이 강조된 바 있는데, 작업치료사나 간호사 등 특정 분야 전문가들이 입주하게 된다면 이러한 전문성을 살리는 것도 커뮤니티에 큰 도움이 될 수 있다(Weeks et al., 2023). 또한 주거시설 차원에서도 서비스 전달 체계를 촘촘하게 구성해야 하는데, 이는 미국의 NORC 모델을 참고할 수 있다. 직원 채용 시 활동 코디네이터, 지역사회 자원 연계 코디네이터, 행정 전문 담당직원 등 입주민들의 욕구에 즉각적으로 반응할 수 있도록 하는 것이 좋으며 프로그램 만족도나 욕구 조사 자료 등 입주민들의 실증 데이터도 효과적으로 관리되어야 한다(Elbert & Neufeld, 2010). 또한 지역사회 자원 연계를 통해 중복 서비스를 방지하고, 필요 시 프로그램 지속가능성 확보를 위해 유료 멤버십을 운영하는 것도 한 방법이 될 수 있다.

셋째, 물리적 환경이 입주민들의 소속감과 공동체 의식에 미치는 영향을 고려하여야 한다. 물리적 환경과 시설 디자인은 생각보다 입주민들의 의식 및 행동 패턴에 큰 영향을 미칠 수 있는데, 한 코하우징 연구에서 강조된 바 있듯, 공유공간(Common House)은 입주민들을 한 곳에 모으고, 외부 손님을 맞을 수 있는 공간의 역할을 하며, 때로는 돌봄 제공자를 위한 공간이 되기도 한다(Rusinovic et al., 2019). 이러한 공유 공간에 대한 선호가 높아야 이용률이 높아지고(Campbell, 2015), 공용 주방이나 휴식 공간 등 입주민들이 선호하는 공간이 있어야 시설에 대한 애착이 높아진다(Sugihara & Evans, 2000). 이러한 요소들을 고려하고 설계하여야 공동체 기반 사회참여 프로그램 등이 효과적으로 운영될 수 있다.

넷째, 상호 돌봄에 대한 논의도 이루어질 필요가 있다. 한 코하우징 연구에서는 입주민 중 한두 명이 건강 관리 코디네이터로 지정되어 입주민들 간의 상호 돌봄 체계를 구축하였다(Glass, 2016). 이를 통해 입주민들은 서로의 안전망이 되어주면서 소속감과 상호 신뢰를 쌓아 나간다. 특히 이러한 체계는 사회복지사와의 매칭을 통해 교육을 받고, 돌봄에 대한 논의를 발전시켜 나가면서 더욱 공고해질 수 있다. 앞서 미국 사례 파트에서 언급되었듯 입주민은 건강한 상태로 입주하더라도 시간이 지나며 일상생활 수행능력과 이동성 등이 저하된다. 서비스 혹은 공동체 코디네이터를 통해 돌봄의 연속성을 확보하는 것도 하나의 방안이지만, 인력 비용을 절감하고 입주민들 간의 소속감과 연대감을 증진시키기 위해서는 비공식적 돌봄 체계에 대한 논의도 지속적으로 이루어져야 할 것이다.

마지막으로, 자원봉사활동을 활성화시킴으로써 입주민들에게 소일거리와 활력을 제공하고, 더 나아가 자아실현 욕구와 정주 욕구를 충족시켜 줄 수 있다. 미국의 빌리지 모델에서는 회원들의 자원봉사활동이 상당히 활성화되어 있는데, 고령 회원의 전자기기 사용을 도와주거나 몸이 불편한 회원의 장보기 등을 도와주기도 한다(Graham et al., 2017). 또한 자원봉사활동으로 해결되지 않는 부분은 봉사자들이 자체적으로 지역사회와 연계를 도와주어 결과적으로 입주민들의 불필요한 조기 입소를 방지한다. 꼭 주거시설 내의 자원봉사가 아니더라도 지역사회 내 다양한 자원봉사활동을 통해 입주민들 간의 연대감을 쌓고 액티브 시니어로서 활력 있는 노년을 설계해 갈 수 있다.

(단위: 편)

[그림 2-2] **해외 노인 주거공동체 문헌 선택 과정**

〈표 2-2〉 국내 노인 주거공동체 관련 논문

번호	저자(연도)	주거유형 및 국가	연구의 주요 내용	이론	자료수집 및 분석방법
1	Campbell (2015)	CCRC, 미국	CCRC 내 공용 공간의 성공적인 운영을 위한 요소 분석	Successful social space attribute model (Campbell, 2014)	혼합연구방법(거주민 설문 및 초점집단면접); 회귀분석
2	Greenfield & Mauldin (2017)	NORC, 미국	NORC 내 사회 및 지역사회 참여 프로그램	Ecological systems theory (Bronfenbrenner, 1979)	질적연구방법(개별 인터뷰); 주제분석
3	Rusinovic et al. (2019)	코하우징, 네덜란드	노인 공동주거의 장점과 단점	-	질적연구방법(현장 조사, 초점집단면접, 관찰, 개별 인터뷰)
4	Sugihara & Evans (2000)	CCRC, 미국	공간에 대한 애착과 사회적 내트워크를 증대하기 위한 CCRC 내 물리적 특성들	-	양적연구방법(거주민 설문); 이변량분석
5	Weeks et al. (2023)	코하우징, 캐나다	코로나19 기간 중 코하우징 생활 경험	Critical gerontological perspective	질적연구방법(개별 인터뷰); 주제분석
6	Pereira et al. (2019)	코하우징, 미국	도시 및 농촌 지역의 코하우징 입주민들이 공간을 증대시키기 위한 물리적 특성들	A five-dimensional framework of place attachement (Raymond et al., 2010)	질적연구방법(개별 인터뷰); 주제분석
7	Puplampu (2020)	코하우징, 캐나다	입주민들의 코하우징 경험 및 건강한 정주 욕구	-	질적연구방법(2차 데이터); 주제분석
8	Kang et al. (2012)	코하우징, 미국	시니어 코하우징에 대한 기대와 입주 동기	-	질적연구방법(환경 분석, 반구조화 인터뷰; 주제분석
9	Jolanki & Vilkko (2015)	코하우징, 핀란드	코하우징 커뮤니티 내 소속감	Housing pathways framework (Clapham, 2005)	질적연구방법(그룹 인터뷰); 주제분석
10	Glass (2020)	코하우징, 미국	코하우징 커뮤니티 내 외로움과 소속감	A theory of sense of community (McMillan & Chavis, 1986)	양적연구방법(거주민 설문); 기술통계 및 이변량분석

11	Glass & Vander Plaats (2013)	코하우징, 덴마크	코하우징 입주민들의 사회적 연결과 소속감	Concept of communal coping (Lyons et al., 1998)	혼합연구방법(인터뷰 및 후속 설문); 주제분석 및 기술통계
12	Glass (2016)	코하우징, 미국	코하우징 커뮤니티의 사회적 차원과 고독감	–	양적연구방법(거주민 설문); 기술통계
13	Shippee (2012)	CCRC, 미국	독립생활 거주시설 주민들의 건강 유지 및 액티브 커뮤니티를 위한 사회적 삶	–	질적연구방법(거주민 설문 및 인터뷰); 주제분석
14	Elbert & Neufeld (2010)	NORC, 미국	NORC 서비스와 주거 환경 개선에 대한 거주민들의 의식에 대한 중요성	–	사례연구
15	Pedersen (2015)	코하우징, 덴마크	코하우징 내 사회적 교류와 새로운 환경에 대한 개별적 적응	–	혼합연구방법 (설문 및 개별 인터뷰); 기술통계
16	Evans (2009)	은퇴 빌리지, 영국	사회적 교류를 통한 커뮤니티에 대한 이해	–	혼합연구방법(인터뷰 및 설문; 기술통계 및 주제분석
17	Jolanki (2021)	노인아파트, 핀란드	노인들이 삶의 만족도 제고를 위한 물리적 · 사회적 환경	–	질적연구방법(거주민 설문); 주제분석
18	Nielson (2019)	은퇴 빌리지, 뉴질랜드	은퇴 빌리지 내 소외감과 소속감	A conceptual framework of social exclusion (Walsh et al., 2017)	질적연구방법(인터뷰, 대화, 미디어 자료); 주제분석
19	Anetzberger (2009)	NORC, 미국	사회 활동과 서비스 이용	Attribution theory	양적연구방법(설문); 기술통계
20	Grant (2007)	은퇴 빌리지, 뉴질랜드	은퇴 빌리지 거주민들의 일상 생활과 삶의 만족도	–	질적연구방법(준점 집단 면접); 주제분석
21	Graham et al (2017)	빌리지, 미국	빌리지 소속을 통해 주어지는 거주민들의 사회 참여, 건강 및 삶의 만족도에 관한 인식	–	양적연구방법(회원 설문); 다변량 로지스틱 회귀분석

제3장

한국 노인 주거공동체 실태와 방향

1. 한국 노인의 삶과 주거 실태

2. 노인 주거공동체를 위한 한국 노인 주거 관련 제도

3. 노인 주거공동체를 위한 한국 노인 주거 관련 주요 이슈

1. 한국 노인의 삶과 주거 실태

우리나라 65세 이상 고령자는 2023년 950만 명으로 전체 인구의 18.4%를 차지하고 있으며, 2024년에는 1,000만 명을 넘는 원년이 되고, 2025년 1,059만 명(20.6%)으로 초고령사회에 진입하고 2030년 1,306만 명(25.5%), 2050년 1,900만 명(40.1%)에 이를 전망이다(통계청, 2022). 2000년 고령자 비율 7%에 이르러 고령화사회에 진입한 이후 불과 25년 만에 초고령사회로 진입하게 된 것으로 이 변화는 일본보다 무려 11년(1970~2006년, 36년) 빨라 전 세계적으로 유래를 찾기 힘든 급진적 고령화 추세라고 할 수 있다.

이러한 고령화 추세와 더불어 가구 형태도 빠르게 변화하고 있다. 65세 이상 고령자가 가구주인 고령자 가구 규모는 2020년 464만 가구에서 2050년 1,137만 5천 가구로 2.5배 증가할 전망이며, 비중도 같은 기간 동안 22.4%에서 49.8%로 증가할 것으로 예상한다. 가구 유형에서도 이제는 자녀와 함께 거주하는 고령자보다는 혼자 사는 고령자와 부부 고령자 가구가 주류를 이루고 비중도 증가하고 있다. 통계청(2022) 장래가구추계에 의하면 노인 1인 가구는 2020년 161만 8천 가구(34.9%)에서 2050년에 467만 1천 가구(41.1%)로 2020년에 비해 2.9배로 증가할 전망이다. 65세 이상 부부가구의 경우에도 2020년(161만 가구, 34.7%)에서 2050년(395만 8천 가구, 34.8%)사이 약 2.5배로 증가할 전망이다.

이와 같은 고령자 가구의 증가는 나이가 들어도 편하게 거주할 수 있는 주거 환경에 대한 관심을 증폭시킬 것으로 예상된다. 특히 65세 이상 고령자 중 75세 이상 고령인구가 전체 인구에서 차지하는 비중이 2023년 7.7%에서 2037년 16.0%, 2050년 24.7%로 빠르게 확대되면서 후기 고령층을 위한 일상생활 편의 제공 시설, 여가, 각종 생활 서비스 등을 제공하는 주거시설 욕구도 확대될 전망이다(통계청, 2023).

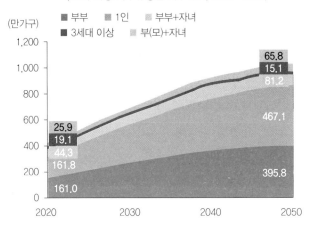

〈65세 이상 가구유형별 가구규모, 2020-2050〉

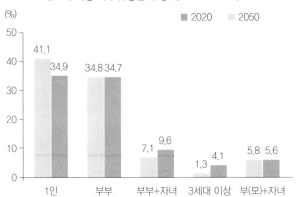

〈65세 이상 가구유형별 구성비, 2020-2050〉

[그림 3-1] 한국 노인 가구 유형별 규모 및 구성비 변화

출처: 통계청(2022).

　　우리나라 65세 이상 고령가구의 주거형태는 아파트가 44.4%로 가장 높은 비중을 차지하였고, 단독주택 40.8%, 다세대주택 8.3%, 연립주택 2.4%, 주택 외 거처(오피스텔, 호텔, 기숙사 등) 2.6% 순으로 나타났다(통계청, 2023). 전체 가구에서 아파트 주거형태가 차지하는 비중인 53.6%보다는 낮은 수준이지만, 고령가구에서도 여전히 아파트는 가장 높은 비중을 차지하는 주거형태임을 알 수 있다. 우리나라 고령자들이 경제적 노후 준비용으로 부동산을 선호하는

경향이 높아 주택 소유율은 2021년 기준 67.9%로 나타났고[1], 자신이 소유한
주택에 현재 거주하는 비율도 75.7%로 높게 조사되었다(통계청, 2023b, 국토교
통부, 2022). 고령층의 높은 주택 소유율과 더불어 자산에서 부동산이 차지하

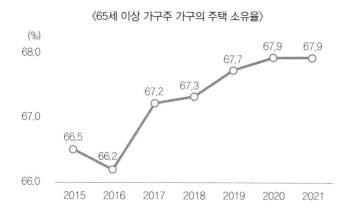

〈65세 이상 가구주 가구의 주택 소유율〉

〈가구주 연령대별 가구 자산 구성비(2022)〉

[그림 3-2] 노인가구의 주택 소유율 및 자산 구성비

출처: 통계청(2003c).; 통계청·한국은행·금융감독원(2023).

---

1) 2022년 주거실태조사결과(2023. 12. 22)에 의하면 고령가구의 자가 비율은 점차 증가하여 2022년 75%에
이르고, 아파트 거주 비율도 44.7%로 가장 높게 조사됨(국토교통부, 2023.12.22. 2022년도 주거실태조사
결과발표, 보도자료)

는 비중도 82.4%로 매우 높아 노후 자금 유동성이 상대적으로 낮다는 한계도 존재한다(통계청, 2023b). 또한 고령자들이 거주하는 주거형태 중 노인을 배려한 설비를 갖춘 주거 환경을 갖춘 비율은 19.8%로 매우 낮아 대부분은 노후 신체적 변화에 따른 위험에 노출되어 있다고 볼 수 있다(이윤경 외, 2021).

앞에서 언급한 우리나라 고령층의 주거실태에 관한 내용들을 정리하면 다음과 같다.

〈표 3-1〉 **우리나라 65세 이상 고령자의 실태와 주거형태**

구분	내용	비고
고령인구 변화	2023년 950만 명(18.4%)→2025년 1,059만 명(20.6%)→2030년 1,306만 명(25.5%)→2050년 1,900만 명(20.6%)	2000년 7% → 2025년 14%
고령가구 변화	2020년 464만 가구→2050년 1,137만 5천 가구	
노인 1인 가구	2020년 161만 8천 가구(34.9%)→2050년 467만 1천 가구(41.1%)	2.9배 증가
노인 부부 가구	2020년 161만 가구(34.7%)→2050년 39만 8천 가구(34.8%)	2.5배 증가
75세 이상 후기고령자	2023년(7.7%)→ 2037년 (16.0%)→2050년 (24.7%)	고령자용 주거욕구 확대
고령가구 주거형태	아파트(44.4%), 단독주택(40.8%), 다세대주택(8.3%), 연립주택(2.4%)	2022년 기준
고령자 주택 소유율 및 거주율	주택 소유율(67.9%), 자기소유주택 거주율(75.7%)	2021년 기준
고령층 자산비중	부동산(82.4%), 저축(12.4%), 기타실물자산(2.7%)	2022년 기준
노인설비 주거	노인을 배려한 설비를 갖춘 주거 환경 비율(19.8%)	2020년 기준

2020년 노인실태조사 결과에 의하면, 고령자 중 식사, 가사, 건강 관리, 상담 등과 같은 생활지원 서비스를 제공해 주는 노인 주택에 대한 선호가 점차 증가하는 경향을 보이고 있다(이윤경 외, 2021). 2020년 노인실태조사 항목 중 '현재 건강이 지속적으로 유지되는 경우 식사, 생활편의 서비스 등이 제공되는 주택에 들어간다'라고 응답한 비중이 4.9%로 3년 전 실시한 2017년 조사결과에 비해 4.7%p 증가하였다. 1955~1963년 출생한 베이비부머 세대가 2020년부터 65세에 진입하면서 과거와는 다르게 적극적이고, 자기주도적으로 활기찬 노후를 보내고자 하는 고령층의 규모가 확대되면서 노인 주거에 대한 다양한 욕구들이 우리 사회에서도 증가할 것으로 보인다. 특히 베이비부머 세대를 중심으로 노년기에 주거공간을 중심으로 한 공동체 활동을 통해 유대감을 형성하고 돌봄욕구, 고독감 및 외로움, 기타 노후에 직면할 다양한 위험들을 함께 대처할 수 있는 노인 주거공동체 모델에 대한 욕구가 확대될 것이다.

2. 노인 주거공동체를 위한 한국 노인 주거 관련 제도

노인 주거공동체가 추구하는 방향은 단순한 건물의 개념보다는 입주민들의 집(home)이면서 동시에 주거공간을 중심으로 공동체 활동을 통해 서로 의지하고 성장하는 것이다. 따라서 노인 주거공동체는 공간을 제공하는 건물인 하드웨어(Hardware), 거주민 간의 상호작용 및 소통을 촉진시키는 프로그램 및 운영방법 등을 포함하는 소프트웨어(software), 직원들의 역량 및 거주민의 소속감과 애착심과 같은 연대(solidarity) 의식을 나타내는 휴먼웨어(Human-ware)의 3대 핵심 요소로 이루어져야 한다.

하지만, 우리나라 노인 주거공동체는 노인 주거라는 큰 범위 안에서 '복지 및 의료기능이 강조된 공간'에 중점을 두고 개발되기 시작하면서 건물 및 시설 중심의 노인 주거복지시설 형태로 발전하였다. 따라서 우리나라의 노인 주거

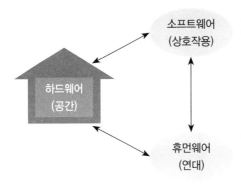

노인 주거고동체 거주자를 위한 프로그램 개발 및 운영
• 식사, 청소, 운동 프로그램 등
• 사회적 상호작용 프로그램

하드웨어와 소프트웨어를 잘 다루는 기술
• 직원들의 역량
• 거주자들 간 유대감, 소속감, 애착심 증대

[그림 3-3] **노인 주거공동체의 구성요소**

출처: 국토교통부, 국토교통과학기술진흥원(2019) 자료를 기반으로 저자가 작성함.

는 노인 주거공동체에서 필요로 하는 거주민들 간의 상호작용 및 지역사회와의 소통, 그리고 입주자의 소속감을 통한 상호연대보다는 노인을 위한 주거 안정화, 복지서비스 제공의 효율화 등에 중점을 두면서 주거공동체로 발전하는 데 한계를 보이고 있다. 따라서 이 장에서는 공간적 측면에서 공동생활 및 활동이 가능한 시설 중심으로 이루어져 있는 우리나라 노인 주거 관련 제도를 중심으로 살펴보고자 한다.

1) 노인 주거복지시설

우리나라 노인 주거에 주거공동체라는 분류는 존재하지 않는다. 단지 일반주택과 노인 주거복지시설로만 분류되어 있다. 일반주택은 아파트, 단독주택, 다세대주택, 연립주택 등과 같은 주거형태로 연령에 상관없이 모든 사람이 거주하며 개인의 독립적이며 자율적 활동을 보장한다. 때문에 거주자가 스스로 일상생활의 편의를 위한 환경을 만들지 않는 한 고령자를 위한 편의시설, 즉 휠체어 등이 이동할 수 있는 공간, 문턱 제거, 바닥 미끄럼 방지, 손잡이 시설 등의 환경이 조성되어 있지 않다.

　반면 노인 주거복지시설은 60세 이상 또는 65세 이상의 연령 조건을 충족시키는 경우에만 거주할 수 있는 곳으로, 고령자의 건강하고 안전한 생활을 유지할 수 있는 시설구조 및 설비를 갖추고 있으며 거주민들이 함께 공유하는 공간과 공동활동 등이 포함되어 있다.

　노인 주거복지시설은 생활시설에 해당되는 노인복지시설로「사회복지사업」제2조에 해당되는 사회복지시설 중 하나이며, 설치 및 관리·공급은「노인복지법」규정에 따르고 그 외 사항은「건축법 시행령」[별표1] 제11호 나목에 있는 노유자시설에 해당되어 건축법 관련 규정을 준용해야 한다. 노유자시설은 아동 관련 시설(어린이집, 아동복지시설 등)과 노인복지시설(양로시설, 노인공동생활가정, 노인복지주택, 요양시설, 노인복지관, 경로당, 방문요양서비스, 주양간보호서비스, 노인보호전문기관 등)을 포함한다.

〈표 3-2〉 **노인복지시설로서의 노인 주거복지시설 구분**

구분	세부종류		관련법
	생활시설	이용시설	
노인복지시설	-노인 주거복지시설 -노인 의료복지시설 -학대피해노인전용쉼터	-재가노인 복지시설 -노인 여가 복지시설 -노인 보호 전문기관 -노인 일자리 지원기관	노인복지법

출처: 보건복지부(2022).

　노인 주거복지시설은 크게 양로시설, 노인공동생활가정, 노인복지주택 등 3가지로 구성되어 있다 (노인복지법 제 32조). 노인 주거복지시설은 'AIP(Aging In Place)'라는 고령자의 욕구를 충족시키기 위한 주거 모델이 아니기 때문에 일상적인 생활에 어려움이 없고, 취사 등 혼자서 독립된 주거 생활을 하는 데 지장이 없는 고령자만 입주가 가능하다. 혼자 생활이 어려워 요양이 필요한 고령자는 노인복지시설이 아닌 노인요양시설과 노인 요양 공동생활가정과 같은 노인 의료복지시설로 입소해야 한다. 또한 입소할 당시 독립된 주거생활이 가능하여 노인 주거복지시설에 입소하였더라도, 이후에 독립 주거생활이 불가능해지면 노인 주거복지시설 입소자격을 상실하게 된다. 즉 노인 주거복지시설에서는 'AIP'라는 욕구를 충족시킬 수 없다.

따라서 우리나라는 '요양이 필요없이 혼자서 생활하는 것이 가능한가?'에 따라 '가능한 고령자'는 노인 주거복지시설에 입소가 가능하고, '가능하지 않고 요양이 필요한 고령자'인 경우에는 노인 주거복지시설에 입소가 불가능한 대신 노인 의료복지시설에 입소가 가능하다. 노인 주거복지시설인 양로시설, 노인 공동생활가정, 그리고 노인복지주택에 입소하기 위해서는 혼자서 생활하는 데 어려움이 없어 일상생활에 지장이 없는 고령자로 입소자격이 제한되어 있기 때문이다(「노인복지시행규칙」 제14조). 만약 노인 주거복지시설에 입주한 후 치매나 뇌졸중 등으로 인해 타인의 도움 없이는 독립적 생활이 힘들거나 불가능해졌을 때는 노인 주거복지시설에서 퇴소한 후 전문적 요양서비스를 제공하는 노인 의료복지시설로 이주해야만 한다. 이런 이유로 서울시 강서구의

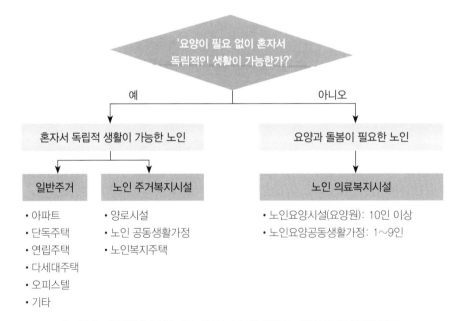

[그림 3-4] 한국 노인 주거복지시설과 노인 의료복지시설의 입소조건 비교

'서울시니어 가양타워'와 경기도 용인의 '삼성노블카운티' 등 일부 노인 주거 복지시설은 입소자들이 노인 의료복지시설로 이주하기 쉽도록 요양시설(요양원)을 함께 운영하고 있는 상황이다. 본질적으로 우리나라에서는 주거라는 개념 속에는 의료와 요양이 함께 공존하지 않는 구조로 되어 있기 때문에 노인 주거복지시설에서 요양서비스를 받는 것은 불가능하다. 하지만, 2008년 7월 1일 노인복지법 시행규칙 일부 개정을 통해 노인복지주택 입소자가 필요한 경우 재가노인복지시설의 방문요양과 주야간보호서비스 등을 활용할 수 있도록 관련 사업기관과의 연계가 일부 가능해졌다.

노인 주거복지시설 중 양로시설은 고령자를 대상으로 급식과 일상생활에 필요한 편의를 제공하는 것을 목적으로 설립되었다. 양로시설은 크게 무료 양로시설, 실비 양로시설, 유료 양로시설로 구분된다. 기초생활수급권자와 적절한 부양을 받지 못하는 65세 이상 고령자의 경우에는 무료로 양로시설(무료 양로시설)에 입소가 가능하다. 1인당 월평균 소득이 도시근로자 월평균 소득수준 이하인 65세 고령자의 경우에는 실비보호대상자로 설정되어, 일부 비용만 지불하면 양로시설(실비 양로시설)에 입소가 가능하다. 무료 양로원과 실비 양로원은 동일한 장소이지만, 입소 대상자의 입소 자격 조건에 따라 무료 양로원 또는 실비 양로원으로 구별될 뿐이다. 양로시설 중에도 '더클래식 500'과 같은 곳은 입소자격자 연령이 60세 이상으로 입소 비용의 전부를 납부하면 입소가 가능하며, 이곳은 유료양로시설에 해당된다.

노인공동생활가정은 양로시설의 설치 목적과 입소 대상자가 동일하지만, 규모가 작아 가정과 같은 주거 여건을 제공해 준다는 점에서 양로시설과 구분된다. 일반적으로 양로시설은 입소정원이 10명 이상이지만, 노인공동생활가정은 가정과 같은 주거 환경을 조성하기 위해 입소정원을 5명 이상 9명 이하의 소규모로 규정하고 있다.

노인복지주택은 우리가 일반적으로 '실버타운'으로 부르는 주거형태이다.[2] 노인복지주택의 설치 목적은 고령자의 주거 편의 · 생활지도 · 상담 및 안전관

〈표 3-3〉 우리나라 노인 주거복지시설 종류 및 입소 대상자

시설	설치목적	입소(이용) 대상자	설치
양로 시설	노인을 입소시켜 급식과 그 밖에 일상생활에 필요한 편의를 제공	• 다음 각 호의 어느 하나에 해당하는 자로서 일상생활에 지장이 없는 자 가. 「국민기초생활보장법」 제2조에 따른 수급권자(이하 "기초수급권자"라 한다)로서 65세 이상의 자 나. 부양의무자로부터 적절한 부양을 받지 못하는 65세 이상의 자 다. 본인 및 본인과 생계를 같이 하고 있는 부양의무자의 월소득을 합산한 금액을 가구원 수로 나누어 얻은 1인당 월평균 소득액이 통계청장이 통계법 제17조제3항에 따라 고시하는 전년도의 도시근로자가구 월평균 소득을 전년도의 평균 가구원수로 나누어 얻은 1인당 월평균 소득액 이하인 자(이하 "실비보호대상자"라 한다)로서 65세 이상의 자 라. 입소자로부터 입소 비용의 전부를 수납하여 운영하는 양로시설 또는 노인공동생활가정의 경우는 60세 이상의 자	시장·군수·구청장에 신고
노인 공동 생활 가정	노인들에게 가정과 같은 주거 여건과 급식, 그 밖에 일상생활에 필요한 편의를 제공		
노인 복지 주택	노인에게 주거시설을 분양 또는 임대하여 주거의 편의·생활지도·상담 및 안전관리 등 일상생활에 필요한 편의를 제공	단독취사 등 독립된 주거생활을 하는데 지장이 없는 60세 이상의 자 및 아래 해당되는 자 -입소자격자의 배우자 -입소자격자가 부양을 책임지고 있는 19세 미만의 자녀·손자녀	시장·군수·구청장에 신고

출처: 보건복지부(2022).

---

2) 우리가 일반적으로 부르는 실버타운은 노인 주거복지시설 중 유료 양로시설과 노인복지주택을 포함하고 있다.

리 등 일상생활에 필요한 편의를 제공하는 것이다. 양로시설과 노인공동생활가정과는 다르게 노인복지주택은 연령 기준이 낮아 입소자격자의 연령을 60세 이상 고령자로 규정하고 있으며, 단독취사 등 독립적 주거 생활을 하는데 지장이 없어야 한다. 하지만, 입소자격자와 함께 거주하는 60세 미만의 배우자, 입소자가 부양 책임을 지고 있는 19세 미만의 자녀·손자녀가 있는 경우에는 동반 입소가 가능하다. 일반적으로 노인복지주택은 30세대 이상의 시설 규모를 가지고 있어야 한다.

　노인복지주택은 다양한 사회복지시설 중 노인복지시설에 해당되며, 건축법상으로는 노유자시설이기 때문에 주택법상 일반주택에는 해당되지 않는다. 노유자시설은 교육 및 복지시설군에 속하는 곳으로, 어린이집, 요양원, 유치원, 유아원 경로당 등이 포함된다(건축법 시행령). 즉, 국내에서는 노인복지주택을 '주택'보다는 '사회복지시설' 관점으로 접근하였고, 노인복지주택이 속해 있는 노인 주거복지시설은 몸이 불편하여 혼자서 생활하기 어려운 고령층이 입주하는 노인 의료복지시설(노인요양시설, 노인요양공동생활가정)과 구별되기 때문에 독립적 생활이 가능한 고령자만 입주가 가능하다.

〈표 3-4〉 「노인복지법」 및 「노인복지법 시행규칙」

「노인복지법」
제32조(노인 주거복지시설)
① 노인 주거복지시설은 다음 각 호의 시설로 한다.
1. 양로시설: 노인을 입소시켜 급식과 그 밖에 일상생활에 필요한 편의를 제공함을 목적으로 하는 시설
2. 노인공동생활가정: 노인들에게 가정과 같은 주거 여건과 급식, 그 밖에 일상생활에 필요한 편의를 제공함을 목적으로 하는 시설
3. 노인복지주택: 노인에게 주거시설을 임대하여 주거의 편의·생활지도·상담 및 안전관리 등 일상생활에 필요한 편의를 제공함을 목적으로 하는 시설
② 노인 주거복지시설의 입소대상·입소절차·입소비용 및 임대 등에 관하여 필요한 사항은 보건복지부령으로 정한다.

③ 노인복지주택의 설치·관리 및 공급 등에 관하여 이 법에서 규정된 사항을 제외하고는 「주택법」 및 「공동주택관리법」의 관련 규정을 준용한다.

제33조(노인 주거복지시설의 설치)
① 국가 또는 지방자치단체는 노인 주거복지시설을 설치할 수 있다.
② 국가 또는 지방자치단체 외의 자가 노인 주거복지시설을 설치하고자 하는 경우에는 특별자치시장·특별자치도지사·시장·군수·구청장(이하 "시장·군수·구청장"이라 한다)에게 신고하여야 한다.
③ 시장·군수·구청장은 제2항에 따른 신고를 받은 경우 그 내용을 검토하여 이 법에 적합하면 신고를 수리하여야 한다.
④ 노인 주거복지시설의 시설, 인력 및 운영에 관한 기준과 설치신고, 설치·운영자가 준수하여야 할 사항, 그 밖에 필요한 사항은 보건복지부령으로 정한다.

제33조의2(노인복지주택의 입소자격 등)
① 노인복지주택에 입소할 수 있는 자는 60세 이상의 노인(이하 "입소자격자"라 한다)으로 한다. 다만, 다음 각 호의 어느 하나에 해당하는 경우에는 입소자격자와 함께 입소할 수 있다.
1. 입소자격자의 배우자
2. 입소자격자가 부양을 책임지고 있는 19세 미만의 자녀·손자녀
② 노인복지주택을 설치하거나 설치하려는 자는 노인복지주택을 입소자격자에게 임대하여야 한다.
③ 제2항에 따라 노인복지주택을 임차한 자는 해당 노인 주거시설을 입소자격자가 아닌 자에게 다시 임대할 수 없다. 〈개정 2015. 1. 28.〉
④ 삭제
⑤ 시장·군수·구청장은 지역 내 노인 인구, 노인 주거복지시설의 수요와 공급 실태 및 노인복지주택의 효율적인 이용 등을 고려하여 노인복지주택의 공급가구수와 가구별 건축면적(주거의 용도로만 쓰이는 면적에 한한다)을 일정 규모 이하로 제한할 수 있다.
⑥ 제33조제2항에 따라 노인복지주택을 설치한 자는 해당 노인복지주택의 전부 또는 일부 시설을 시장·군수·구청장의 확인을 받아 대통령령으로 정하는 자에게 위탁하여 운영할 수 있다.
⑦ 입소자격자가 사망하거나 노인복지주택에 거주하지 아니하는 경우 제1항에 따라 노인복지주택에 입소한 입소자격자의 배우자 및 자녀·손자녀는 보건복지부령으로 정하는 기간 내에 퇴소하여야 한다. 다만, 입소자격자의 해외 체류 등 보건복지부령으

로 정하는 부득이한 사유가 있는 경우에는 그러하지 아니하다.

⑧ 시장·군수·구청장은 필요한 경우 제1항에 따른 입소 자격 여부 및 제7항에 따른 입소자격자의 사망 또는 실제 거주 여부를 조사할 수 있다.

⑨ 시장·군수·구청장은 제8항에 따른 조사 결과 입소 부자격자가 발견되면 퇴소하도록 하는 등 적절한 조치를 취하여야 한다.

「노인복지법 시행규칙」

제14조(노인 주거복지시설의 입소대상자 등)

① 법 제32조에 따른 노인 주거복지시설(이하 "노인 주거복지시설"이라 한다)의 입소 대상자는 다음 각 호와 같다.

1. 양로시설·노인공동생활가정: 다음 각 목의 어느 하나에 해당하는 자로서 일상생활에 지장이 없는 자

가. 「국민기초생활 보장법」 제7조제1항제1호에 따른 생계급여 수급자 또는 같은 항 제3호에 따른 의료급여 수급자로서 65세 이상의 자

나. 부양 의무자로부터 적절한 부양을 받지 못하는 65세 이상의 자

다. 본인 및 본인과 생계를 같이 하고 있는 부양 의무자의 월소득을 합산한 금액을 가구원수로 나누어 얻은 1인당 월평균 소득액이 통계청장이 「통계법」 제17조제3항에 따라 고시하는 전년도(본인 등에 대한 소득조사일이 속하는 해의 전년도를 말한다)의 도시근로자가구 월평균 소득을 전년도의 평균 가구원수로 나누어 얻은 1인당 월평균 소득액 이하인 자로서 65세 이상의 자(이하 "실비보호대상자"라 한다)

라. 입소자로부터 입소비용의 전부를 수납하여 운영하는 양로시설 또는 노인공동생활가정의 경우는 60세 이상의 자

2. 노인복지주택: 단독취사 등 독립된 주거 생활을 하는 데 지장이 없는 60세 이상의 자

② 제1항제1호에 따른 입소대상자의 65세 미만인 배우자(제1항제1호라목의 경우에는 60세 미만인 배우자)는 해당 입소 대상자와 함께 양로시설·노인공동생활가정에 입소할 수 있다.

③ 제1항제2호에 따른 입소 대상자의 60세 미만인 배우자 및 제1항제2호에 따른 입소 대상자가 부양을 책임지고 있는 19세 미만의 자녀·손자녀는 해당 입소 대상자와 함께 노인복지주택에 입소할 수 있다.

출처: 국가법령정보센터(www.law.go.kr)

(1) 노인 주거복지시설 현황

국내 고령자의 규모는 빠르게 증가하고 있으나, 국내 노인 주거복지시설의 총 규모는 증가하다가 최근에는 감소하는 추세를 보이고 있다. 2008년부터 2022년까지 노인복지시설 현황을 보면 2008년 347개소였던 노인 주거복지시설의 규모가 2014년 443개소로 정점을 찍은 후 점차 감소하기 시작하여 2022년에는 308개소로 줄었다. 2022년을 기준으로 했을 때 2008년에 비해 약 11.2%의 노인 주거복지시설이 감소하였다. 이를 세부적으로 분석해 보면 노인복지시설 중 양로시설의 규모가 꾸준히 감소하고 있음을 알 수 있고, 노인공동생활가정은 2008년 21개소에서 시작하여 2014년 142개로 약 7배까지 증가한 이후 감소하여 2022년 89개소에 이르고 있다.

양로시설은 과거 의지할 곳이 없는 고령자들을 수용하고 보호하였던 부정적 이미지가 강하고, 단체생활로 인한 24시간 출입가능이 제한적이고, 자율적 활동 모임도 적어 최근 고령자들의 자율적 행동양식과 부합하지 못한다는 단점이 있다. 예를 들면, 시립○○양로원의 경우 신규 입소자는 입소 1개월까지는 외출 외박이 안되고, 면회는 두 번만 가능하며, 입소 한 달 이후에는 상담 여부에 따라 외출증을 받아 외출 및 외박을 할 수 있다. 더욱이 최근 고령자들의 개인주의적 성향과 함께 저렴한 임대주택의 증가 및 지역사회 기반 재가복지서비스 확대로 인해 양로시설에 대한 선호가 감소하는 상황이다(강은나 외, 2019).

노인공동생활가정은 2008년 제도 도입 이후 시설규모가 적어 설립이 다른 시설보다 용이하다는 장점 때문에 초기에 빠르게 증가하다가 2014년을 정점으로 감소하였다(강은나, 2021). 노인공동생활가정의 감소 경향 원인도 양로원과 유사하다. 재가복지서비스의 확대로 인해 고령자가 자신의 기존 집에서 거주하는 것이 가능해졌고, 생활 시설에 대한 부정적 인식 등이 입소자 감소 원인으로 분석되고 있다.

[그림 3-5] **한국 노인 주거복지시설 유형별 규모 현황(2008~2022)**
출처: 보건복지부 각년도 「노인복지시설현황」을 사용하여 저자가 작성함.

(2) 노인 주거복지시설의 역할

　노인 주거복지시설은 기본적으로 고령층이 심신적, 사회적, 경제적 이유로 생활하기 어려울 때 이용하거나 거주하는 시설인 노인복지시설 중 하나에 속한다. 따라서 노인 주거복지시설의 역할도 복지시설의 존재 목적과 연계되어 있다. 노인 주거복지시설은 취약계층 노인을 대상으로 한 '양로시설·노인공동생활가정'과 비취약계층 노인을 대상으로 한 '노인복지주택'으로 구분되어 있다. 특히, '양로시설·노인공동생활가정'은 입주민 간의 상호작용와 연대를 위한 프로그램의 제공보다는 저소득층이나, 부양가족이 없는 고령자들을 위해 주거 공간을 제공하는 소극적 주거 지원과 입주 고령자 당사자의 심리적, 사회적, 경제적 지원에 중점을 두고 있다.

　「노인복지법 시행규칙」에 의하면 '양로시설·노인공동생활가정'은 2가지 역할을 수행하기 위해 만들어졌다. 첫째, 입소자의 생활 의욕 증진 등을 도모하기 위하여 입소자의 신체적·정신적 상태에 따라 그 기능을 회복하게 하거나 기능의 감퇴를 방지하기 위한 훈련 참가 기회를 제공하는 것이다. 둘째, 입소자 당사자들의 심신적 능력 향상 및 사회적 관계 개선을 위한 교양·오락 설비 등 레크리에이션을 실시하는 것이다.

〈표 3-5〉 **한국 노인 주거복지시설별 사업내용**

시설별	사업내용
양로시설 · 노인공동생활가정	(가) 입소자의 생활 의욕 증진 등을 도모하기 위하여 입소자의 신체적 · 정신적 상태에 따라 그 기능을 회복하게 하거나 기능의 감퇴를 방지하기 위한 훈련에 참가할 기회를 제공하여야 한다. (나) 교양 · 오락 설비 등을 구비하고 적절한 레크리에이션을 실시하여야 한다.
노인복지주택	(가) 입주자의 거주에 불편함이 없도록 생활 편의를 위한 체육시설, 여가 및 오락시설 등 부대시설 및 각종 복리시설을 설치하여 직접 또는 위탁하여 운영하여야 한다. (나) 사회복지사는 순회 서비스를 제공하는 등 항상 입주자의 안전을 위하여 세심한 배려를 하여야 하며 다음의 서비스를 제공하여야 한다. ①생활지도 · 상담 ②문안 ③긴급사태시 대처 ④의료기관 등 관계기관과의 연락 ⑤일상생활상 필요한 원조 (다) 필요한 경우 재가노인복지시설의 방문요양과 주야간보호서비스 등을 활용할 수 있도록 노인보건 및 복지에 관련된 사업기관과의 연계를 도모하여야 한다.

출처: 노인복지법 시행규칙[별표3]

예를 들면, 시립고덕양로원(서울시 강동구 소재)의 경우 입소자들의 기능회복을 위해 투약 및 복약지원, 병원 진료지원 물리치료 서비스 등 간호 · 진료지원 · 물리치료 서비스를 제공하고 있다. 또한 미술놀이, 원예활동, 웃음치료 등과 같은 사회심리지원 서비스와 국민체조, 포크댄스, 실버 레크리에이션 등 같은 건강증진 프로그램, 계절 나들이, 유적지 탐방, 자유여행 등 여가 프로그램을 운영하고 있다(시립고덕양로원 홈페이지).

사례: 양로원-시립고덕양로원

- 서울시 강동구 고덕동에 위치하고 있으며, 입소 정원은 104명으로 사회복지법인 서울가톨릭사회복지회가 서울특별시로 위탁받아 1969년부터 운영됨.
- 서울시 거주 만 65세 이상의 국민기초생활수급자 중 일상생활이 가능한 분은 무료 입소자로 입주가 가능하며, 국민기초생활수급자가 아닌 경우(도시근로자 1인 평균소득 이하)는 보증금 530만 원에 월 449,300원으로 실비 입소가 가능함.

시립고덕양로원 본관   여가 프로그램

출처: 시립고덕양로원 홈페이지(www.gdyangrowon.or.kr)

반면에 우리가 실버타운으로 부르는 노인복지주택은 소극적인 주거지원에 머무르지 않고, 입주자들의 노후 삶의 질 향상을 위한 다양한 주거지원 서비스를 포함하고 있다. 「노인복지법 시행령」에 의하면 노인복지주택은 1) 생활 편의를 위한 체육시설, 여가 및 오락시설 등 부대시설 및 각종 복리시설을 설치하여 직접 또는 위탁하여 운영하고, 2) 노인복지주택의 사회복지사는 ①생활지도 · 상담 ②문안 ③긴급사태 시 대처 ④의료기관 등 관계기관과의 연락 ⑤일상생활상 필요한 원조 등의 서비스를 제공해야 한다. 또한 3) 필요한 경우 재가노인복지시설의 방문요양과 주야간보호서비스 등을 활용할 수 있도록 노인보건 및 복지에 관련된 사업기관과의 연계를 도모하도록 하고 있다. 노인복지주택 입주자들은 주거지원 서비스에 대한 비용을 모두 직접 지불해야 하기 때문에 경제적 지불 능력이 있는 중산층 이상의 고령자들을 대상으로 하고 있

다. 따라서, 노인복지주택의 주거지원 서비스는 다양하고 고급화된 노인복지주택의 경우 보증금과 생활비가 상대적으로 높다.

예를 들면, 경기도 수원시에 위치한 유당마을은 사회복지법인이 설립한 우리나라 최초의 노인복지주택으로, 식사 제공뿐만 아니라 동호회, 자원봉사활동 등의 여가생활지원, 정서지원 및 상담서비스, 세무 및 법률 서비스, 청소 및 세탁, 차량 지원 등 생활 편의 서비스 등을 제공하고 있다. 또한 보호 및 안전을 위한 24시간 응급대응체계, 안전하고 예방을 위한 고령 친화적 핸드레일, 미끄럼 방지, 낮은 계단 등 안전 설계 등을 포함하고 있다. 입주자 및 장기요양급여 대상자를 위한 유당재가복지센터를 운영하여 방문요양과 방문목욕 서비스도 제공하고 있으며, 자체 유당부속의원 및 한의원을 운영하여 입주자들을 위한 건강유지 및 증진서비스를 제공하고 있다. 유당마을의 입주비용은 신관 25평형의 경우 입주보증금 2억 4천만 원에 월 생활비 1인 기준 234만 원, 부부 기준 362만 원으로 책정되어 있다(2023년 기준).

사례: 노인복지주택–유당마을

- 1988년 사회복지법인 빛과 소금이 우리나라 최초의 노인복지주택으로 설립한 유당마을은 경기도 수원시에 위치하고 있으며 총 247세대(2022년 기준)가 임대형으로 입주하여 있음
- 입주비용은 신관 25평형의 경우 입주보증금 2억 4천만 원에 월 생활비 1인 234만 원, 부부 362만원으로 책정되어 있음
- 도심형 노인복지주택이지만 수원 광교산 기슭에 위치하여 자연친화적 생활이 가능하며, 유당케어홈과 유당부속의원을 운영하고 있어 건강 정도에 따른 추가 서비스를 제공함

유당마을 전경과 동호회 활동 및 여가활동

출처: 유당마을 홈페이지(www.yudang.co.kr)

(3) 노인 주거복지시설의 시설 기준 및 직원 기준

노인 주거복지시설은 시설 기준 및 직원 기준도 「노인복지법」 기준에 따른다. 양로시설의 경우에는 입소자 30명 이상인 경우 침실, 사무실, 요양보호사 및 자원봉사자실, 의료 및 간호사실, 체력단련실 및 프로그램실, 식당 및 조리실, 비상재해대비시설, 화장실, 세면장 및 샤워실(목욕실), 세탁장 및 세탁물 건조장을 각각 갖추어야 한다. 30명 미만인 경우에는 사무실, 요양보호사 및 자원봉사자실을 한 곳으로, 세면장 및 샤워실(목욕실), 세탁장 및 세탁물 건조장을 한 곳으로 해도 가능하다. 노인공동생활가정의 경우에는 체력단련실 및 프로그램실은 없어도 가능하고, 사무실, 요양보호사 및 자원봉사자실, 의료 및 간호사실을 한 곳으로 해도 가능하다. 노인복지주택은 앞의 두 기관과 달리 침실, 관리실(사무실·숙직실 포함), 식당 및 조리실, 체력단련실 및 프로그램실, 의료 및 간호사실, 식료품점 또는 매점, 비상재해대비시설, 경보장치를 각각 1개씩 갖추어야만 한다.

〈표 3-6〉 **노인 주거복지시설 시설 기준**

시설별 / 구분		침실	사무실	요양 보호사 및 자원 봉사자실	의료 및 간호사실	체력 단련실 및 프로그램실	식당 및 조리실	비상재해 대비시설	화장실	세면장 및 샤워실 (목욕실)	세탁장 및 세탁물 건조장
양로 시설	입소자 30명 이상	○	○	○	○	○	○	○	○	○	○
	입소자 30명 미만 10명 이상	○		○	○		○	○	○	○	
노인공동생활가정		○		○		–	○	○	○	○	
노인복지주택		침실 1, 관리실 1(사무실 · 숙직실 포함), 식당 및 조리실 1, 체력단련실 및 프로그램실 1, 의료 및 간호사실 1, 식료품점 또는 매점 1, 비상재해대비시설 1, 경보장치 1									

비고: 세탁물을 전량 위탁처리하는 경우에는 세탁장 및 세탁물 건조장을 두지 아니할 수 있다.
출처: 노인복지법 시행규칙[별표2]

    직원 기준의 경우에는 30인 이상 양로시설은 시설장, 사무국장, 사회복지사 1명을 두고, 의사는 1명 이상, 간호사 또는 간호조무사는 입소자 50명당 1명, 요양보호사는 입소자 12.5명당 1명 등의 기준으로 배치를 해야만 한다. 노인공동생활가정은 시설장 1명 이외에 입소자 4.5명당 사회복지사, 간호사, 간호조무사, 요양보호사 또는 조리원 1명 이상을 두어야 한다. 노인복지주택은 시설장 1명과 사회복지사 1명, 관리인 1명을 기본적으로 배치해야만 한다.

〈표 3-7〉 **한국 노인 주거복지시설의 직원 배치 기준**

직종별 시설별		시설의 장	사무국장	사회복지사	의사(한의사를 포함)또는 계약의사	간호사 또는 간호조무사	요양보호사	사무원	영양사	조리원	위생원	관리인
양로시설	입소자 30명 이상	1명	1명	1명	1명 이상	입소자 50명당 1명	입소자 12.5명당 1명	1명(입소자 100명 이상인 경우로 한정함)	1명(1회 급식 인원이 50명 이상인 경우로 한정함)	2명(입소자 100명 초과할 때마다 1명 추가)	입소자 50명당 1명	
	입소자 30명 미만 10명 이상	1명		1명		1명	입소자 12.5명당 1명			1명	1명	
노인공동생활가정		1명		입소자 4.5명당 사회복지사, 간호사, 간호조무사, 요양보호사 또는 조리원 1명 이상								
노인복지주택		1명		1명								1명

출처: 노인복지법 시행규칙[별표2]

(4) 노인 주거복지시설의 설비기준

노인 주거복지시설의 설비기준은 기본적으로 노인들의 편안한 활동과 노화로 발생하는 다양한 위험을 예방하고 대처하기 위한 경사로, 경보장치, 의료 및 간호사실과 같은 시설들을 포함하고 있다. 양로시설과 노인공동생활가정은 독신용·합숙용·동거용 등의 다양한 침실이 가능하며 입소자 1인당 침실 면적은 5.0㎡ 이상으로 규정하고 있다. 하지만, 노인복지주택은 합숙용 없이 독신용·동거용 침실의 면적은 20㎡ 이상으로 규정하고, 각 침실에 취사할 수 있는 설비와 더불어 목욕실, 화장실 등 입소자의 생활 편의를 위한 설비를 갖추도록 하고 있다.

〈표 3-8〉 한국 노인 주거복지시설의 설비기준

양로시설	노인공동생활가정	노인복지주택
가. 침실 (1) 독신용·합숙용·동거용 침실을 둘 수 있다. (2) 남녀공용인 시설의 경우에는 합숙용 침실을 남실 및 여실로 각각 구분하여야 한다. (3) 입소자 1명당 침실 면적은 5.0㎡ 이상이어야 한다. (4) 합숙용 침실 1실의 정원은 4명 이하이어야 한다. (5) 합숙용 침실에는 입소자의 생활용품을 각자 별도로 보관할 수 있는 보관시설을 설치하여야 한다. (6) 채광·조명 및 방습 설비를 갖추어야 한다. 나. 식당 및 조리실: 조리실 바닥재는 내수 소재이고, 조리실은 세척 및 배수에 편리한 구조여야 한다. 다. 세면장 및 샤워실(목욕실) (1) 바닥은 미끄럽지 아니하여야 한다. (2) 욕조를 설치하는 경우에는 욕조에 노인의 전신이 잠기지 아니하는 깊이로 하고 욕조의 출입이 자유롭도록 최소한 1개 이상의 보조봉과 수직의 손잡이 기둥을 설치하여야 한다.	가. 침실 (1) 독신용·동거용·합숙용 침실을 둘 수 있다. (2) 남녀공용인 시설의 경우에는 합숙용 침실을 남실 및 여실로 각각 구분하여야 한다. (3) 입소자 1명당 침실 면적은 5.0㎡ 이상이어야 한다. (4) 합숙용 침실 1실의 정원은 4명 이하이어야 한다. (5) 합숙용 침실에는 입소자의 생활용품을 각자 별도로 보관할 수 있는 보관시설을 설치하여야 한다. (6) 채광·조명 및 방습 설비를 갖추어야 한다. 나. 식당 및 조리실: 조리실 바닥재는 내수 소재이고, 조리실은 세척 및 배수에 편리한 구조여야 한다. 다. 세면장 및 샤워실(목욕실) (1) 바닥은 미끄럽지 아니하여야 한다. (2) 욕조를 설치하는 경우에는 욕조에 노인의 전신이 잠기지 아니하는 깊이로 하고 욕조의 출입이 자유롭도록 최소한 1개 이상의 보조봉과 수직의 손잡이 기둥을 설치하여야 한다.	가. 침실 (1) 독신용·동거용 침실의 면적은 20㎡ 이상이어야 한다. (2) 취사할 수 있는 설비를 갖추어야 한다. (3) 목욕실, 화장실 등 입소자의 생활 편의를 위한 설비를 갖추어야 한다. (4) 채광·조명 및 방습 설비를 갖추어야 한다. 나. 프로그램실: 자유로이 이용할 수 있는 적당한 문화시설과 오락기구를 갖추어 두어야 한다. 다. 체력단련실: 입소 노인들이 기본적인 체력을 유지할 수 있는데 필요한 적절한 운동기구를 갖추어야 한다. 라. 의료 및 간호사실: 진료 및 간호에 필요한 상용의약품·위생재료 또는 의료기구를 갖추어야 한다. 마. 경보장치: 타인의 도움이 필요할 때 경보가 울릴 수 있도록 거실, 화장실, 욕실, 복도 등 필요한 곳에 설치하여야 한다.

(3) 급탕을 자동온도조절장치로 하는 경우에는 물의 최고 온도는 섭씨 40도 이상이 되지 아니하도록 하여야 한다.

라. 프로그램실: 자유로이 이용할 수 있는 적당한 문화시설과 오락기구를 갖추어 두어야 한다.

마. 체력단련실: 입소 노인들이 기본적인 체력을 유지할 수 있는데 필요한 적절한 운동기구를 갖추어야 한다.

바. 의료 및 간호사실: 진료 및 간호에 필요한 상용의약품·위생재료 또는 의료기구를 갖추어야 한다.

사. 경사로: 침실이 2층 이상인 경우 경사로를 설치하여야 한다. 다만, 「승강기시설 안전관리법」에 따른 승객용 엘리베이터를 설치한 경우에는 경사로를 설치하지 아니할 수 있다.

아. 그 밖의 시설
(1) 복도·화장실 그 밖의 필요한 곳에 야간 상용등을 설치하여야 한다.
(2) 계단의 경사는 완만하여야 하며, 난간을 설치하여야 한다.
(3) 바닥은 부드럽고 미끄럽지 아니한 바닥재를 사용하여야 한다.

(3) 급탕을 자동온도조절장치로 하는 경우에는 물의 최고 온도는 섭씨 40도 이상이 되지 아니하도록 하여야 한다.

라. 경사로: 침실이 2층 이상인 경우 경사로를 설치하여야 한다. 다만, 「승강기시설 안전관리법」에 따른 승객용 엘리베이터를 설치한 경우에는 경사로를 설치하지 아니할 수 있다.

마. 그 밖의 시설
(1) 복도·화장실 그 밖의 필요한 곳에 야간 상용등을 설치하여야 한다.
(2) 계단의 경사는 완만하여야 하며, 난간을 설치하여야 한다.
(3) 바닥은 부드럽고 미끄럽지 아니한 바닥재를 사용하여야 한다.

바. 경사로: 침실이 2층 이상인 경우 경사로를 설치하여야 한다. 다만, 「승강기시설 안전관리법」에 따른 승객용 엘리베이터를 설치한 경우에는 경사로를 설치하지 아니할 수 있다.

출처: 노인복지법 시행규칙[별표2]

2) 고령자용 일반주거

우리나라 고령자를 위한 주거형태는 앞에서 언급한 노인 주거복지시설 이외에도 아파트, 연립주택, 다세대 주택과 같은 일반 주거형태도 존재하며, 일반 주거형태를 활용한 노인 주거공동체도 가능하다. 하지만, 우리나라 고령자를 위한 일반 주택정책은 고령자를 무주택자, 저소득층 등 '주거약자' 관점의 정책대상자로 인식하고 있다. 따라서, 고령자를 위한 일반주택은 주거공동체를 통해 입주자 간의 상호작용과 소통, 연대가 이루어지는 공간보다는 심리적, 정서적, 경제적 안전을 제공하는 물리적 공간이나 복지 서비스를 제공하는 시설 중심으로 인식되고 있다.

(1) 고령자용 주거-공공임대주택

우리나라 주거정책은 1980년대 말 공공임대주택 중 영구임대주택 공급을 시작으로 2003년 '국민임대주택 100만호 건설계획', 2008년 '주거복지로드맵의 공공임대주택 70만 호' 등 저소득 무주택 국민을 위한 양적인 주거공급 중심으로 이루어졌다(조승연, 2022). 우리나라 공공임대주택은 일반적으로 연령에 상관없이 주거 문제를 스스로 해결하기 어려운 사람들을 위해 저렴한 비용으로 주거를 제공하는 것으로 국가 또는 지자체의 재정으로 건설·임대하는 주택을 의미한다. 공공임대주택에는 '공공건설임대주택'과 '공공매입임대주택'등 총 2종류로 구분되며, 영구임대주택과 국민임대주택은 모두 공공건설임대주택에 해당된다. 영구임대주택은 최저소득 계층의 주거안정을 위하여 50년 이상 또는 영구적인 임대를 목적으로 공급되는 공공임대주택이고, 국민임대주택도 저소득 서민의 주거안정을 위하여 30년 이상 장기임대를 목적으로 공급하는 공공임대주택이다(공공주택 특별법 시행령 제2조). 따라서, 영구임대주택과 국민임대주택 모두 저소득 서민의 주거안정을 위한 주택으로 주거공동체 관점보다는 주거공간의 제공에 중점을 두고 있음을 알 수 있다. 2021년 말

[그림 3-6] **우리나라 공공주택 분류**
출처: 「공공주택 특별법」 제2조 및 같은 법 시행령 제2조

기준 공공건설임대주택 중 영구임대주택의 65세 이상 고령자 비율이 가장 높아 전체 임차인 중 52.2%를 차지하고 있으며, 국민임대주택은 26.9%를 차지하고 있다(조승연, 2022).

(2) 고령자용 주거- 주거 취약자를 위한 주택

2000년대 급속한 인구고령화가 진행되면서 고령자 전용 공공임대주택이 고령자의 주거안정을 위한 주거 모델로 공급되기 시작하였다. 2004년 가평 읍내 등 7개 지구에 고령자 전용 국민임대주택 공급계획이 발표되고, 2010년 가평 읍내 2단지(6개동 335세대)가 국내 최초로 고령자 전용 국민임대주택으로 입주가 진행되었다.

2012년에는 「장애인 · 고령자 등 주거약자 지원에 관한 법률」 제정으로 주거약자를 위한 주택건설이 의무화되면서 고령자 전용 주거 단지보다는 단지 내 일부만을 고령자 포함 주거약자를 위한 맞춤형 주택으로 공급하여 여러 세대가 함께 섞여 거주하는 주거형태로 변화하였다. 이 법에 의하면 공기업(LH, 지자체별 도시공사 등)에서 공공임대주택을 건설하는 경우에도 주거약자를 위

해 총 세대수의 8%(비수도권은 5%)를 고령자·장애인 전용임대주택으로 의무
공급하도록 규정하고 있다. 여기서 주거약자란 고령자뿐만 아니라 장애인, 국
가유공자, 보훈대상자, 고엽제후유의증환자, 5·18 민주화운동부상자 등 기타
일정조건을 갖춘 대상자를 포함하고 있다.

〈표 3-9〉 장애인·고령자 등 주거약자 지원에 관한 법률 시행령

제5조(주거약자용 주택의 의무건설 비율) ① 법 제10조 제1항에서 "대통령령으로 정하
는 임대주택"이란 「공공주택 특별법 시행령」 제2조 제1항 제1호부터 제3호까지 및 제3
호의 2(「공공주택 특별법」 제2조의 2에 따른 공공준주택은 제외한다)에 해당하는 공공
임대주택을 말한다.

② 법 제10조 제1항에서 "대통령령으로 정하는 비율"이란 다음 각 호의 구분에 따른
비율을 말한다.
1. 「수도권정비계획법」 제2조 제1호에 따른 수도권에 건설하는 임대주택: 100분의 8
2. 제1호 외의 지역에 건설하는 임대주택: 100분의 5

출처: 국가법령정보센터(www.law.go.kr)

(4) 고령자용 주거– 고령자 복지주택

고령자 전용 국민임대주택과 주거약자용 주택은 고령자의 신체적 변화에
대응하기 위한 무장애(barrier-free) 구조를 갖추고는 있으나, 고령 입주민들이
지역사회와 연계를 통해 지속 가능한 주거를 확보하기 위한 서비스를 제공하
는데는 한계가 존재하였다. 이를 해결하기 위해 2016년부터 고령자 맞춤형 설
계를 갖춘 공공임대주택에 노인복지관과 같이 거주민을 위한 서비스를 제공
하는 사회복지시설을 함께 설치하는 고령자 복지주택(공공실버주택)을 추진하
게 되었다. 고령자 복지주택(공공실버주택)은 상부에는 고령자용 맞춤형 공공
임대주택를 두고 하부에는 사회복지시설을 설치하는 단독형이거나, 고령자
용 맞춤형 공공임대주택 바로 옆에 사회복지시설을 두어 주거와 서비스를 연

계하였다. 고령자 복지주택(공공실버주택)은 돌봄 친화적 주거지원으로 공공임대주택에 복지 서비스를 결합한 형태로 단순한 저소득 고령층을 위한 주거권 보장을 넘어 고령자 특화된 복지 서비스를 제공하는 임대주택의 모형이다. 2016년 성남위례신도시 164가구를 시작으로 2023년 8월 기준 3,924호 공급이 완료됐고, 2,914호는 사업 추진 중으로 총 6,838호의 고령자 복지주택이 있는 것으로 조사되었다(연합뉴스, 2023.8.28).

고령자 복지주택의 주거공간에는 고령자들의 편의와 사고예방을 위해 화장실 내 비상등, 높이 조절 세면대, 욕실 미닫이문 및 안전손잡이, 복도 안전손잡이, 비상안전유도등이 적용된 무장애 설계가 적용되고, 사회복지관에는 공용공간으로 물리치료, 헬스케어, 경로식당, 시니어카페 등이 있어 맞춤형 보건·복지 서비스를 제공하고 있다(석재은 외, 2019). 고령자 복지주택 입주순위는 ① 기초생활수급자, ② 평균소득 70% 이하 국가유공자, ③ 평균소득 50% 이하, ④ 중위소득 150% 이하 순으로 되어 있어 무주택 저소득 고령자를 주요 정책대상자로 설정하고 있다.

사례: 고령자 복지주택

- 저층부에 고령자 친화적 사회복지시설과 상층부에 임대주택이 복합 설치된 맞춤형 공공임대주택임.
  - 주택은 문턱 제거, 높낮이 조절 세면대 등 무장애 설계를 적용하고 사회복지시설은 복지 서비스를 제공하기 위해 1,000~2,000m² 규모로 설치
- 2023년 8월 기준 고령자 복지주택 선정호수는 6,838가구, 공급호수는 3,924가구, 진행호수는 2,914가구로 조사됨.

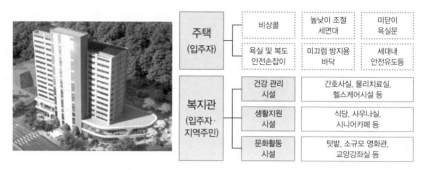

주택 (입주자)	비상콜	높낮이 조절 세면대	미닫이 욕실문
	욕실 및 복도 안전손잡이	미끄럼 방지용 바닥	세대내 안전유도등

복지관 (입주자· 지역주민)	건강 관리 시설	간호사실, 물리치료실, 헬스케어시설 등
	생활지원 시설	식당, 사우나실, 시니어카페 등
	문화활동 시설	텃밭, 소규모 영화관, 교양강좌실 등

출처: 국토교통부(2020. 4.1).; 이모작뉴스(2023. 08. 29.)(www.emozak.co.kr)

(4) 고령자용 주거– 케어안심주택

2018년에는 지역사회 통합 돌봄의 도입으로 보건복지부의 고령자 주거 관련 정책과 노인복지정책이 수렴하는 형태로 변화하면서 '케어안심주택'으로 나타났다(강지원 외 2021). 케어안심주택은 돌봄과 요양 등 사회서비스가 제공되는 주택을 의미하며 병원이나 시설에서 퇴소하여 거주할 공간이 없는 고령자를 대상으로 제공되는 주거형태이다. 케어안심주택은 친화적 주거 환경 제공과 커뮤니티케어, 즉 지역사회 통합 돌봄을 위해 주거지원과 보건·의료·재활·복지·돌봄 등 사회서비스를 통합적으로 제공하는 주택으로, 핵심은 주거·건강의료·요양·돌봄 등의 서비스 연계이다(이만우, 2020). 2018년 지역사회 통합 돌봄정책을 시행하면서 고령자를 위한 공공임대주택, 즉 LH(한국토지주택공사)의 '공공실버주택'과 '다가구매입임대주택', SH(서울주택도시공사)의 '지원주택' 등을 케어안심주택으로 활용하기로 하였다. 이에 2019년부터 2022년까지 노인 공공임대주택 4만 호를 케어안심주택으로 신규 공급하고 점차 확대하고 노인이 많이 거주하는 14만 호의 기존 영구임대주택을 2025년까지 케어안심주택으로 변화시킬 예정이다(관계부처 합동, 2018).

사례: 케어안심주택

- 케어안심주택은 지역사회 통합 돌봄(커뮤니티케어)을 위한 주거지원 인프라를 확충하기 위한 방안으로 설계된 주거형태임.
  - 케어안심주택은 노인뿐만 아니라, 장애인, 정신질환자, 노숙인 등을 대상으로 지역사회복귀와 자립을 위한 주거, 돌봄, 그리고 기타 사회적 서비스를 지원함.
- 일상생활기능(ADL)에 어려움이 많으면 요양시설, 요양병원, 급성기 병원에 거주하지만, 어느 정도 좋아지고 병원이나 시설에서 지역사회로 돌아가서 거주하기를 원하는 경우 케어안심주택을 통한 지원을 제공함.
  - 케어안심주택은 주거지원과 더불어 급식, 재가요양 및 생활 서비스, 보건의료서비스 지원을 병행함.

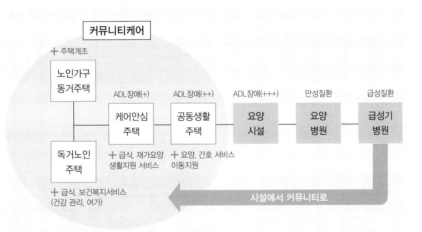

출처: 관계부처 합동 (2018.11.20).; 이만우(2020).

케어안심주택의 예로 안산시 단원구 고잔동 보배안심주택이 있다. 지역사회 노후공간을 LH(한국토지주택공사)가 재건축하여 높낮이 조절 세면대, 안전손잡이 등 고령자의 편의를 위한 주거공간으로 전환하여 2021년 5월 입주를 시작하였다. 1층에는 커뮤니티 공간이 있다. 안산시 거주 65세 이상 기초생활수급자 노인 중 의료기관에서 퇴원하거나, 요양원 및 노인시설 입소자 중 복귀를 희망하는 경우 이용이 가능하다. 통합 돌봄 서비스와 방문가사 서비스 맞춤 영양서비스 등을 제공한다. 예를 들면, 사회복지사가 매일 입주민 건강을 확인하고, 물리치료사와 한의사, 약사 등의 방문 의료서비스, 도시락 배달과 세탁물 처리, 문화활동 등 다양한 돌봄 프로그램이 가능하다. 입주민들이 기초생활수급자이기 때문에 2년 계약으로 보증금 400만~500만 원에 월 임대료 20~30만 원의 저렴한 비용으로 이용할 수 있다. 이외에도 전국 다양한 세대가 함께 이용가능한 '서봄하우스'(마포구 아현동 소재)라는 마포형 케어안심주

사례: 마포형 케어안심주택, 서봄하우스

- 마포구와 LH가 함께 추진한 케어안심주택으로 임대보증금 690만 원, 평균 월 임대료 30만 원으로 저렴, 무장애 설계 적용함.
  - 위치는 서울 마포구 굴레방로3길이며, 지하1층~지상 10층 건물로 총 23호 세대
- LH가 근린생활시설과 커뮤니티 시설을 서봄하우스 내에 무상으로 지원함으로써 입주민 소통 및 지역사회 돌봄 거점공간으로 활용

출처: 한국토지주택공사(2022. 12. 15.).

택를 2022년 12월 14일 개소하였다. 서봄하우스는 20대부터 90대까지 돌봄이 필요한 다양한 연령층의 주민을 대상으로 하고 있다. 사무실에 상주하고 있는 사회복지사가 입주민 상담뿐만 아니라 지역 내 다양한 돌봄 자원(방문진료서비스, 지역사회 연계 프로그램 등)을 연계해 통합 돌봄 서비스를 제공하고 있다.

(4) 고령자용 주거– 고령자 주거공동체

고령자복지주택과 케어안심주택은 기존 하드웨어(공간) 중심의 노인 주거를 지역자원연계, 정서지원프로그램 등 소프트웨어로 확대시켜 노인 주거의 질적 수준을 향상시키는 데 기여하였다. 하지만, 여전히 고령자 주거정책은 공공임대주택(영구임대주택, 국민임대주택)을 기반으로 공급되면서 노인 주거에 제공되는 프로그램들이 취약계층 대상 사회복지서비스 중심으로 이루어져 있다. 이에 따라 고령자 주거정책이 다양한 소득계층 고령자들을 포함하지 못하고 있으며, 취약계층 대상 복지서비스 제공에서 입주민 간의 상호작용과 소속감 등을 기반으로 한 노인 주거공동체 수립으로까지 발전하는데 한계를 보이고 있다. 실례로 지난 2020년 공공임대주택에서 일어난 자살의 87.8%(29건)와 고독사의 92.9%(39건)가 영구임대주택에서 발생하였고, 특히 자살의 56%는 1인 가구였으며, 58.3%는 60세 이상인 것으로 나타났다(박기덕, 2023). 영구임대주택 입주민들 간 공동체성의 부재, 즉 이웃 간의 관계, 사회적 지지, 의사소통의 부족이 사회적 고립감과 심리적 위축을 증대시켜 정신적 건강에 부정적 영향을 미치고 있음을 알 수 있다.

최근에는 고령층을 위한 주거 환경의 개선뿐만 아니라 입주민에 대한 공동체 의식을 확대시켜 서로 친밀한 소통과 사회적 지지를 유지하고 필요할 때 상호 도움을 주고 받는 소규모 노인 주거형태에 대한 작은 노력들이 조금씩 시도되고 있다. 2021년 개소한 해심당(海心堂)은 한국토지주택공사(LH)와 도봉구청, 유니버설하우징협동조합이 함께 지역 내 거주지를 매입하여 재건축한 총 21호 규모의 소규모 고령자 맞춤형 주거형태(지하 1층, 지상 4층 규모)이다. LH

가 매입 임대주택을 제공하고, 도봉구가 지자체의 복지 프로그램을, 유니버설하우징협동조합이라는 사회적 기업이 입주자 관리 서비스를 연계하는 형태로 운영된다. 영구임대주택에 입주 가능한 분들을 대상으로 입주 전 상담을 통해 개별 맞춤형복지서비스(건강, 돌봄, 문화지원 등) 혹은 도봉구 시니어클럽과 연계한 일자리 제공 등 서비스를 다양화하고 있다. 또한 지역대학 및 기업들과 연계한 프로그램을 활성화시키고, 입주민들 간 서로 돌보고 소통하면서 혼자서 외롭게 지내지 않고 소통할 수 있는 방안들을 도입하고 있다.

[그림 3-7] 해심당 외부 및 내부

출처: 유니버설하우징협동조합 홈페이지(udhouse.co.kr)

3. 노인 주거공동체를 위한 한국 노인 주거 관련 주요 이슈

1) 노인 주거형태의 다양성 부족

노인의 주거형태는 일반주택 이외에 경제수준과 신체적 상황에 따라 선택할 수 있는 주거형태가 존재할 수 있다. 하지만 우리나라 노인 주거는 일본이나 미국 등 다른 선진국들에 비해 상대적으로 다양하지 않다. 우리나라의 경우 건강하거나 일부 돌봄이 필요한 노인의 경우에는 일반주택, 공공임대주택, 노인 주거복지시설(양로원, 노인공동생활가정, 노인복지주택)만이 가능하다. 노인 주거복지시설에서는 장기요양보험등급자가 지속적으로 생활하는 데 어려움이 있기 때문에 연속적 돌봄을 위해서는 노인 의료복지시설(요양시설, 노인요양공동생활가정)로 주거를 옮겨야 한다.[3] 특히 일부 돌봄이 필요한 노인 중 중위소득 이상의 소득수준 노인은 방문요양서비스 등 민간돌봄 재가서비스를

〈표 3-10〉 **신체적 상태와 경제수준에 따른 국내 주거형태**

구분		신체적 상황			
		건강한 노인	일부 돌봄이 필요한 노인	요양이 필요한 노인 (장기요양보험등급자)	완전의존 (건강보험)
경제 수준	상위	일반주택 노인복지주택	일반주택 (재가서비스 자부담 이용) 노인복지주택 (재가서비스 자부담 이용)	일반주택 (재가요양 서비스 제공) 노인의료 복지시설- 요양시설, 노인요양공동 생활가정 (시설급여)	병원 요양병원 호스피스
	중위	일반주택 노인복지주택	일반주택 (재가서비스 자부담 이용) 노인복지주택 (재가서비스 자부담 이용)		
	하위	일반주택 (공공임대주택 포함), 양로원, 노인공동생활가정	일반주택/ 공공임대주택/ 양로원/노인공 동생활가정 (노인맞춤돌봄 서비스 제공)		

---

3) 2008년 7월 1일 「노인복지법」 시행규칙 일부개정을 통해 노인복지주택 입소자가 필요한 경우 재가노인 복지시설의 방문요양과 주야간보호서비스 등을 활용할 수 있도록 관련 사업기관과의 연계가 가능

자부담으로 이용해야만 한다.

우리나라 노인 주거의 다양성 부족을 확인하기 위해 미국의 경우를 비교해 보면 요양시설을 포함하지 않는 노인 주거만을 포함하는 경우에도 우리나라보다 다양한 종류의 주거가 존재함을 알 수 있다. 지역사회 노인돌봄공동체(Village model communities), 자연 발생 은퇴 주거단지(Naturally Occurring Retirement Communities), 코하우징(Co-housing), 쉐어하우스(Home sharing), 자립형 다세대 주택(Independent living facilities), 생활보조시설(Assisted Living), 연속형 돌봄 주거단지(Continuing Care Retirement Communities), 대학 연계형 은퇴 주거단지(University-Based Retirement Communities) 등과 같이 국내에는 아직 생소한 다양한 노인 주거 모델이 존재한다.

[그림 3-8] 신체적 상태와 경제수준에 따른 미국의 주거형태

1) 전국 노인의료보험(Medicare) 대상자의 경우 의료적 처치를 제외하고 대부분의 서비스가 비급여에 해당함. 저소득층을 위한 의료급여(Medicaid) 대상자는 체류비 포함 의료적 처치, 생활지원 서비스 등 대부분의 서비스를 지원하지만 의료급여 지원기관으로 등록된 기관에 한해 서비스를 제공받을 수 있음.
출처: 박소정(2022).

2) 중산층 대상 노인복지주택 규모의 한계

현재 우리나라 노인 주거에서 노인에게 특화된 주거 모델은 실버타운이라고 불리는 노인복지주택이다. 임대주택을 기반으로 저소득층 노인을 위한 주거안정과 신체적, 정서적, 사회적 지원하는 고령자 복지주택이나 케어안심주택을 제외하고, 노인복지주택은 중산층 이상 독립적 생활이 가능한 고령자의 활기찬 노후를 보장하는 노인 특화된 주거 모델이라고 할 수 있다. 하지만 우리나라 노인복지주택의 규모는 전체 노인인구 규모에 비해 상대적으로 부족한 상황이다. 2021년 기준 노인복지주택 입소정원은 8,491명으로 65세 이상 노인 인구 871만 명 중 0.1%에 불과한 실정이다. 2015년 662만 명이었던 우리나라 65세 이상 노인인구는 2021년 871만 명으로 증가하였으나, 노인복지주택 입소정원은 2015년 31개소 5,376명에서 2021년 38개소 8,491명으로 증가하였을 뿐이다. 현재의 노인복지주택 규모로 2025년 초고령사회에 진입하는 경우 우리나라는 추가적 노인복지주택이 필요한 상황이다.

2025년 우리나라 65세 이상 노인은 1,059만 명이 될 전망이고, 일본 노인인구대비 노인복지주택거주비율 1.3%를 적용하면 약 12만 9,117명을 위한 노인복지주택이 추가적으로 필요한 상황이다. 특별히 고령화가 지속되면서 중산층 고령자는 지속적으로 증가할 것으로 예상되고 있으나, 고소득층과 저소득층 및 취약계층 중심으로 우리나라 노인 주거가 확대되고 있어 중산층 고령자를 위한 주거 모델은 부족한 상황이다. 다음 표에 의하면 국내 주요 노인복지주택이 경제력을 갖춘 고소득층을 중심으로 구성되어 있음을 알 수 있다.

하지만 65세 이상 고령자 중 활동적이고 중간소득(75~200%) 노인 비중 전망을 보면, 다양한 욕구를 가진 베이비부머 세대(1955~1963년 출생)의 고령화가 지속되면서 65세 이상 중산층 고령자의 규모가 지속적으로 증가할 전망이다. 따라서 급속한 고령화와 더불어 증가하는 중산층 고령자를 위한 노인 주거의 필요성과 새로운 주거 모델의 개발이 필요한 상황이다.

〈표 3-11〉 국내 주요 노인복지주택의 입주비 및 생활비

노인복지주택	입주비 및 생활비	
	1인 가구	부부 가구
삼성노블카운티	30평 기준 보증금: 3억 1,000만 원 월생활비: 240만 원	46평 기준 보증금: 6억 원 월생활비: 464만 원
더시그넘하우스	22평 기준 보증금: 4억 원 월생활비: 208만 원	30평 기준 보증금: 5억 8,000만 원 월생활비: 345만 원
서울시니어 강남타워	16평 기준 보증금: 2억 3,100만 원 월생활비: 165만 원	31평 기준 보증금: 4억 5,000만 원 월생활비: 305만 원
유당마을	20평 기준 보증금: 1억 7,800만 원 월생활비: 209만 원	30평 기준 보증금: 2억 5,500만 원 월생활비: 332만 원

주(註): 1인 가구 생활비는 90식 기준, 부부가구 생활비는 180식 기준
출처: 문성택, 유영란(2023).

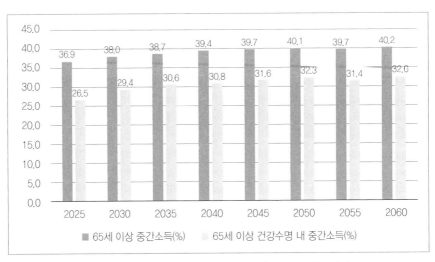

[그림 3-9] 활동적 중간소득(75~200%) 고령자 비중 전망

주(註): NPRI 빈곤전망모형(안서연,최광성, 2022)에 통계청 가계금융복지조사 2022년 자료와 5차 국
민연금 재정추계 자료를 반영하여 전망함. 통계청『2021 장래인구 추계 중위가정(2020~2100)』의
65세 이상 총인원을 따름.
출처: 박소정, 김정근, 안서연(2023).

3) 노인인구 대비 노인 주거복지시설의 부족

2015년 1월 28일 「노인복지법」이 개정되면서 2015년 7월 29일부터 실버타운이라고 불리는 노인복지주택은 분양형이 금지되고 임대형으로만 운영되고 있다. 「노인복지법」 제33조 2항에 의하면 '노인복지주택을 설치하거나 설치하려는 자는 노인복지주택을 입소자격자에게 임대'하여야 하고, '노인복지주택을 임차한 노인은 노인 주거시설 입소자격자가 아닌 사람에게 다시 임대할 수 없음'을 명시하고 있다. 노인복지주택이 분양에서 임대로 변경되면서 노인복지주택 입주민들은 소유권이 없고, 입주보증금을 내고 매월 생활비를 지불하는 방식으로 전환되었다. 입주민들은 입소보증금 합계의 50% 이상을 보증보험에 가입해야 한다.

2015년 분양형 노인복지주택이 폐지된 이유는 기존 분양제도로 입주한 노인들이 입주 후 분양업체로부터 관련 서비스를 받지 못하는 사례들이 발생하는 등 악용 사례가 발생하였고, 수익성 추구에 집중하면서 열악한 서비스를 제공하는 노인복지주택이 분양되기 시작했기 때문이다.

사례: 명지엘펜하임 집단 분쟁

- 경기도 용인시 명지학원은 2004년 10월 노인복지주택으로 명지엘펜하임을 분양
  - 노인복지주택 7개동(지하1층~지상9층, 336세대)과 스포츠, 의료시설, 문화센터, 생활편의시설이 갖추어진 복지동(지하2층~지상5층)으로 구성
- 분양 시 평생 무료로 이용할 수 있는 9홀의 골프장을 조성하겠다고 약정하여 입주자들에게 분양하였으나, 골프장 건설허가를 받지 못해 골프장 설치를 하지 못함.
- 노인복지주택 내의 복지동 이용을 위한 이용 대금을 선납하였으나, 추가로 관리비를 납부하도록 하면서 이에 대한 집단분쟁이 발생

출처: 한국소비자원 홈페이지(www.kca.go.kr)

하지만 노인복지주택의 분양이 금지되고 임대만이 가능해지면서 노인복지주택사업자가 토지를 소유하고, 이후 건물을 건립하여 소유하는 경우에만 노인복지주택을 운영할 수 있다는 한계가 존재하고 있다. 또한 최근 원자재가격 상승과 이자율 상승 등으로 인한 노인 주거복지시설 건립에 대한 비용 부담이 증가하면서 노인복지주택에 대한 공급이 충분히 이루어지지 않는 상황이다. 공공적 성격이 강한 양로시설과 노인공동생활가정을 제외하면 2022년 기준 노인복지주택은 39개소로, 총 8,840명 규모로 전체 고령인구의 0.1%만이 사용하고 있다. 이미 초고령사회에 진입한 일본의 유료 노인홈과 서비스 포함 고령자주택의 정원 비율인 1.4%와 0.7%에 비교하면 상대적으로 부족한 상황이다. 특히 현재 국내 노인 주거복지시설은 저소득층을 주요 대상으로 하는 양로시설과 노인공동생활가정, 고소득층을 주요 대상으로 하는 노인복지주택으로 양분화되어 있어 중산층 노인들을 위한 노인 주거는 상대적으로 부족한 상황이다.

〈표 3-12〉 한국과 일본 노인 주거복지시설 규모 및 고령인구 비율 비교

국가	65세 이상 노인인구	노인 주거복지시설	시설 수	정원	고령 인구비 (%)
한국	927만명	양로시설	180	9,752명	0.11
		노인공동생활가정	89	763명	0.01
		노인복지주택	39	8,840명	0.10
일본	3,627만명	유료 노인홈	14,982	54만 명	1.4
		서비스 포함 고령자 주택	7,660	27만 명	0.7

주: 2022년 기준 자료
출처: 1) 한국: 노인인구는 통계청(kosis.kr) -행정안전부(주민등록인구현황), 노인 주거복지시설은
　　　보건복지부『노인복지시설현황』
　　2) 일본: 厚生労働省(2022.9)『介護給付費等実態調査』, 厚生労働省(2022.12)『社会福祉施設
　　　等調査の概況』, 高齢者住宅協会『サービス付き高齢者住宅情報提供システム』, 国土交通省
　　　(2022.2)『高齢者の住まいに関する現状と施策の動向』을 이용해 작성함.

따라서 과거와 같이 입주자들에게 충분한 노후생활 서비스를 제공하지 못하는 부실 노인복지주택의 출현도 예방해야 하고, 급속히 증가하는 중산층 노인들을 위한 충분한 규모의 노인복지주택도 공급해야만 하는 것이 현재 우리가 직면하고 있는 과제이다. 이와 같은 상황을 해결하기 위해 2024년 3월 21일 정부는 '어르신 1천만 시대, 건강하고 행복한 노후대책'을 통해 서민과 중산층을 위한 '분양형 노인복지주택'을 2025년부터 도입하고자 하는 정책을 발표하였다(관계부터 합동, 2024). 앞으로 노인들을 위한 주거 환경에 대한 정책 변화와 함께 지속적인 노인복지주택의 양적이고 질적인 변화가 확대될 전망이다.

〈노인주택 활성화 정책방향〉

- (실버타운) 분양형 재도입, 입주자격 · 위탁운영 · 주택연금 등 관련 제도 개선을 통해 실버타운(노인복지주택) 활성화
  - (분양형 재도입) 2015년 폐지된 분양형 노인복지주택을 인구감소지역(89개소)을 대상으로 재도입해 민간공급 활성화 도모(2025)

    분양형 제도에서 문제된 불법행위, 부실운영 등을 예방하기 위한 보완방안 등을 마련하여 「노인복지법」 개정 등 추진(2024.下~)
  - (입주자격 완화) 60세 이상 누구나 입소가 가능하도록 기존의 '독립된 생활이 가능한 자' 요건 폐지
  - (위탁운영 자격) 리츠사, 장기요양기관, 호텔 · 요식업체, 보험사 등 다양한 기관이 신규 진입할 수 있도록 위탁운영 요건 개선

    (기존) 노인복지주택사업을 실시한 경험이 있어야만 노인복지주택 위탁운영 가능

    (개선) 신규 운영업체 진입을 확대하기 위해 해당 조건 폐지
  - (주택연금 지급) 실버타운 입주 시 실거주 예외 사유로 인정해 주택연금을 지속 지급(2024~)

출처: 관계부처 합동(2024. 3. 21.).

4) 에이징 인 플레이스(AIP) 개념을 반영한 노인 주거공동체의 필요성

우리나라 노인복지주거시설에 입주하기 위해서는 건강하고 독립적인 생활이 가능하여야 한다. 이로 인해 노인복지주택 입주민들은 건강 상태가 나빠져서 혼자서 생활하는 데 어려움이 발생하면 살던 집과 같은 노인복지주택에서 퇴거해야 하는 불안감을 가지고 생활하고 있다. '가능한 한 오래 자기가 원하는 곳에서 나이들기(Aging in place: AIP)'를 원칙으로 하는 노인 주거 모델에 의하면 우리나라의 노인복지주거시설은 AIP를 실현하는데 한계가 있는 모델이다. '서울시니어스 가양타워'나 '삼성 노블카운티' 등 일부 노인복지주택들이 요양동을 새롭게 신설하여 건강 상태가 변화하여 독립생활이 어려운 노인들을 대상으로 지속적인 거주가 가능하도록 자체적 모델을 형성하고 있다. 하지만, 노인인구가 빠르게 증가하고 중산층 고령자가 빠르게 확대되는 상황에서 우리나라 노인 주거정책에서도 AIP를 실현할 수 있는 노인 주거 모델을 개발할 필요성이 대두되고 있다. 노화로 인한 신체적·정신적 변화를 반영하여 계속 머물수 있어 AIP를 실현할 수 있는 혁신적 주거 모델로 변화하여야 한다.

또한 우리나라 전체인구의 14.3%를 차지하는 베이비부머 세대가 2020년부터 은퇴하기 시작하면서, 건강하고 활동적이며 경제적 여유가 있는 노인들이 증가하고 있는 상황이다. 과거와 달리 교육수준이 높고, 건강하고, 상대적으로 과거 노인세대보다 경제적 수준이 향상된 베이비부머 세대가 고령층에 진입하게 되면서 유대감과 소속감을 갖고 보람차고 의미있는 노년생활을 보내고자 하는 노인층이 확대되고 있다(김미령 외, 2015; Carstensen, 2011). 이들은 독립적 생활이 가능한 시기부터 노화로 인해 의존 생활이 요구되는 시기까지 주거를 옮기지 않고 동일한 장소와 지역사회에서 거주하면서 서로 돕고 의지하는 사회적 네트워크가 가능한 주거를 요구하고 있다. 따라서 노후의 삶의 질 향상을 위해 AIP 개념을 반영한 한국형 노인 주거공동체의 필요성이 증가하고 있는 상황이다.

제4장

한국 노인 주거공동체의 방향 및 실천적 함의

1. 한국 노인 주거공동체의 방향

한국형 노인 주거공동체는 '노인 주거공동체'라는 개념을 활용하여 입주민의 '건강하고 행복하게 나이 듦(Healthy and Happy Aging)'을 비전(Vision)으로 두고자 한다. 나이가 들면 가능한 자아(possible selves)로 독립적이고, 건강한 자아를 기대하기 때문이다(Cross & Markus, 1991). 여기서 노인 주거공동체는 고령층들이 함께 생활하고 상호지원하며 주거 및 삶의 질 향상을 위한 다양한 서비스를 제공받을 수 있는 공동체를 의미하며, 입주민 상호 간의 관계형성을 통한 심리적 불안감(외로움 및 우울증 등)을 해소하고 사회적 고립을 방지하는 치료적 요소들도 포함하고 있다. 따라서 노인 주거공동체는 입주민들 간의 상호작용과 소속감을 강화하여 안전과 편안한 주거를 보장할 뿐만 아니라 사회적 연대와 자아존중감 및 자존감을 강화하여 입주민들의 '건강하고 행복한 나이듦'을 이루고자 한다.

1) 노인 주거공동체의 비전과 목표

노인 주거공동체가 추구하는 '건강하고 행복하게 나이 듦(Healthy and Happy Aging)'은 총 4가지 형태의 나이듦으로 구성된다. 첫째, 입주민들이 성공적 노화(successful aging), 둘째, 긍정적 노화(positive aging), 셋째, 창의적 노화(creative aging), 넷째, 스마트 노화(smart aging)이다. 성공적 노화는 질병과 장애 위험을 낮추고 신체적 · 정신적 기능을 향상시킬 뿐만 아니라 사회적 참여를 증대시켜 노후 삶의 만족도를 증가시키는 것을 의미한다(Rowe & Kahn, 1998). 긍정적 노화는 나이듦에 대해 긍정적인 태도와 자신의 삶과 인생에 대해 긍지를 가지고 지역사회 및 글로벌 사회에서 노인의 역할을 증대시키는 것을 의미한다(Gergen & Gergen, 2006). 긍정적 노화는 노인의 삶의 질 향상뿐만 아니라 자원봉사활동 등을 통한 지역사회와 연계를 확산시켜 인구 고령화로 인한 사회적 부담을 경감시킬 수 있다(Chong, Rochelle, & Liu, 2013). 창의적 노화는 고령층의 창의적 활동, 예술, 교육활동 등을 통한 신체적 · 인지적 기능 향상을 의미한다(Cohen, 2006). 창의적 노화과정은 고령자의 자기 통제감(Self-control)을 중대시킬 뿐만 아니라 정서적 · 육체적 건강증진에도 긍정적 영향을 미치는 것으로 알려져 있으며, 지역사회 구성원들과 소통과 연대를 확대하는 데도 기여하고 있다(Kaufma & FInkelstein, 2020). 스마트 노화(Smart Aging)는 정보통신기술을 활용하여 나이로 인한 불편함과 어려움을 해소하는 것을 의미한다. 코로나19 이후 다양한 고령자용 기술(Gerontechnology)이 고령층의 육체적, 정신적, 사회적 건강 증진을 위해 급속하게 활용되고 있기 때문에 관련 기술을 적극적으로 활용할 수 있는 능력은 건강하고 활기찬 나이듦에 긍정적 영향을 미칠 것이다.

따라서 이 장에서는 노인 주거공동체가 추구하는 '건강하고 행복하게 나이듦(Healthy and Happy Aging)'이라는 비전을 달성하는 방법으로 '노인 주거공동체 서비스 모델'을 목표로 설정하고자 한다. 실제적으로 노인 주거공동체를 설립하고, 운영하기 위해서는 주거공동체 중심의 서비스 모델을 개발하는 것이 필수적이기 때문이다. 이 목표는 총 4가지 요소로 구성된다. 첫째, 입주민들의 유대감과 소속감을 강화해 기존 노인복지주택과 차별화할 수 있는 노인 주거공동체성 기반 서비스를 개발한다. 둘째, 입주민들의 경험과 경력을 활용한 자원봉사활동과 입주민 간의 협력과 지지를 바탕으로 한 서비스를 개발한다. 셋째, 외부 기관들과의 협력 체계 및 파트너십을 증진시키는 활동 강화를 통한 노인 주거공동체 중심 서비스를 개발한다. 넷째, 지역사회 자원의 접근성을 확대하여 시니어 각자의 사회 · 여가문화 · 경제적 활동을 증대시킬 수 있는 서비스를 개방한다.

- Rowe와 Kahn(1998)의 성공적 노화의 3가지 영역
  1) 질병 영역: 낮은 질병발생과 질병 · 장애에 대한 위험요소
  2) 기능 영역: 높은 신체적 · 정신적 기능
  3) 사회참여 영역: 적극적 인생참여

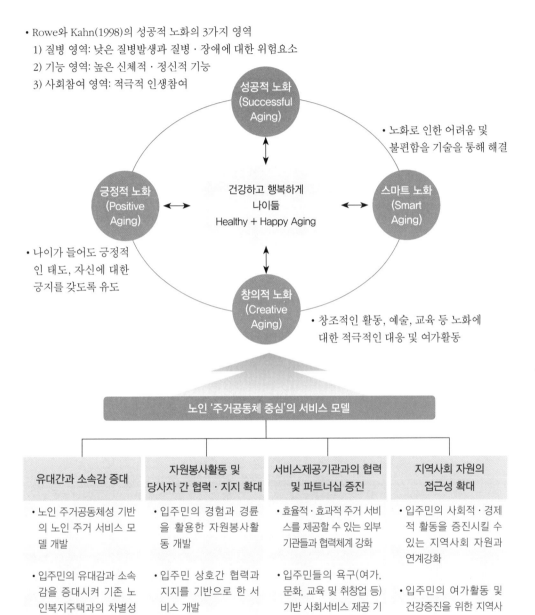

- 노화로 인한 어려움 및 불편함을 기술을 통해 해결
- 나이가 들어도 긍정적인 태도, 자신에 대한 긍지를 갖도록 유도
- 창조적인 활동, 예술, 교육 등 노화에 대한 적극적인 대응 및 여가활동

노인 '주거공동체 중심'의 서비스 모델

유대간과 소속감 증대	자원봉사활동 및 당사자 간 협력 · 지지 확대	서비스제공기관과의 협력 및 파트너십 증진	지역사회 자원의 접근성 확대
• 노인 주거공동체성 기반의 노인 주거 서비스 모델 개발	• 입주민의 경험과 경륜을 활용한 자원봉사활동 개발	• 효율적 · 효과적 주거 서비스를 제공할 수 있는 외부 기관들과 협력체계 강화	• 입주민의 사회적 · 경제적 활동을 증진시킬 수 있는 지역사회 자원과 연계강화
• 입주민의 유대감과 소속감을 증대시켜 기존 노인복지주택과의 차별성 강화	• 입주민 상호간 협력과 지지를 기반으로 한 서비스 개발	• 입주민들의 욕구(여가, 문화, 교육 및 취창업 등) 기반 사회서비스 제공 기관과의 파트너십 확대	• 입주민의 여가활동 및 건강증진을 위한 지역사회 자원 연계 확대

[그림 4-1] 노인 주거공동체의 비전과 목표

2) 노인 주거공동체 서비스 모델 개발을 위한 4대 전략

노인 주거공동체 중심의 서비스 모델 개발을 위한 방법으로 4가지 전략을 제시한다. 주거공동체성 중심 서비스를 기반으로 입주민의 사회적 역할 및 세대 간 연대를 강화하여, 노인 주거공동체가 지역사회 자원들을 연계한 컬렉티브 임팩트(collective impact)의 중추역할을 수행하고 입주민의 노년 초월을 실현하고자 하는 전략적 방향에 따라 개발될 것이다. 서비스 모델 개발을 위한 각 전략은 단순히 노인 주거공동체의 설립으로 종결되는 것이 아닌, 초고령 사회 대비 지속가능성을 확보할 수 있는 새로운 지역사회 연계형 노인 주거 모델로 확대·적용되기 위함이다. 노인 주거공동체 서비스 모델 개발을 위한 4대 전략 방향의 구체적 내용은 다음과 같다.

〈표 4-1〉 **노인 주거공동체 서비스 모델 개발을 위한 4대 전략 및 내용**

4대 전략	내용
① 시니어의 사회적 역할 강화 (Social Role Valorization: SRV)	시니어의 사회적 역할을 강화하기 위해, 은퇴 후 사회적, 경제적으로 경험하는 역할 상실을 극복하고자 한다. 이를 위해 시니어의 역할을 재정립하여 우울감과 고독감을 감소시키고 사회적 역할을 확대할 수 있도록 지원한다.
② 세대 간 연대 강화	세대 간 연대를 확산시키기 위해 노인 주거공동체 서비스 모형은 다양한 세대들과의 교류와 소통을 확대한다. 시니어 입주민들만의 고립된 서비스 모형 개발을 지양하고, 세대 간 통합을 촉진하고 상호 이해와 공감을 키울 수 있는 서비스 모형 개발을 추진한다.
③ 컬렉티브 임팩트 (Collective Impact) 실현	컬렉티브 임팩트를 이루기 위해, 지역사회의 다양한 자원을 활용하여 협력할 수 있는 중추기관으로서 노인 주거공동체의 역할과 기능을 정립한다. 이를 통해 입주민들은 지역사회에 더욱 적극적으로 참여하여 기여할 수 있으며, 지역사회의 발전에 도움을 제공할 수 있다.
④ 노년 초월	시니어의 노년 초월을 실현하기 위해 노화에 대한 긍정적인 자세를 취하고, 자신의 인생에 대한 관심을 초월하는 지혜와 이타적인 삶으로의 전환을 지향한다. 이를 통해 시니어들은 자신의 경험과 지식을 바탕으로 자기개발과 성장을 이룰 수 있다.

노인 주거공동체 서비스 모델 개발 전략을 통해 고령자들의 삶의 질을 향상 시키고, 지역사회 및 다양한 세대와의 연계를 강화하여 나이가 들어도 의미 있는 존재로서 역할을 수행하며, 노년기를 초월한 풍요로운 인생을 실현하고자 한다(Tornstam, 1997). 다음은 각 전략에 해당되는 노인 주거공동체 서비스 사례들을 살펴보고자 한다.

① 전략 1: 시니어의 사회적 역할 강화(Social Role Valorization: SRV)

Wolfensberger(1983)의 SRV이론에 따르면, 사회적으로 낮게 평가된 사람들에게 사회적으로 가치 있는 역할을 수행할 수 있도록 지원하여 사회적 가치를 강화시킬 수 있다. 노인 주거공동체 입주민의 사회적 역할을 강화하는 서비스 개발을 전략 방향으로 설정하여 입주민들의 활기차고 긍정적인 노후생활을 보장할 수 있다. 상대적으로 낮게 평가된 고령층의 능력증진을 위한 프로그램들을 통해 고령층의 자기 존중감 및 자기 효능감을 형성시킬 뿐만 아니라, 우리 사회가 가지고 있는 '나이듦'에 대한 부정적 이미지를 개선하는 데 도움을 줄 것이다.

전략 1 사례: 시니어의 사회적 역할 강화를 위한 서비스 개발

ㅁ 50대 이상 시니어를 위한 국내 · 해외 자원봉사 프로그램

• Projects Abroad는 40여 개국에 진출한 세계적인 자원봉사 단체로 변화를 만들고자 하는 50세 이상 자원봉사자를 대상으로 특별한 자원봉사 프로젝트를 운영

• Projects Abroad는 경력단절, 자발적 · 비자발적 은퇴 등을 한 50대 이상이 삶을 보다 보람차고 의미있게 가꾸어 나가기를 원한다는 욕구를 파악하여, 50대 이상의 숙련된 경험과 지식으로 도움이 필요한 사람들에게 긍정적인 영향을 미칠 수 있도록 'Grown-up Specials' 프로젝트를 마련함. 이를 통해 '당신은 세상을 바꿀 수 있는 충분한 나이입니다!'라는 메시지를 전달

• 'Grown-up Specials' 프로젝트는 자원봉사자가 자원봉사 활동뿐만 아니라 주말에는 지역을 여행하며 멋진 경치, 새로운 문화 등을 즐길 수 있도록 운영

- 요금은 '숙소, 음식(하루 세 끼), 여행 및 의료 보험, 공항 픽업, 현지 직원의 교육 및 워크숍, 작업장 왕복 교통편, 상근 현지 작업팀의 24시간 지원, 국제 비상 대응팀의 긴급 지원, 프로젝트에 필요한 장비 및 자료, 다른 자원봉사자와 교류할 수 있는 정기적인 사교 행사 및 지역사회 활동, 인터넷, 비자 지원 등'이 포함되어 책정
- 기존 비영리기관의 자원봉사 프로그램과 연계하거나 자매결연 또는 업무협약 등을 통해 국내·해외 자원봉사 및 교류 프로그램 확대

보육 자원봉사	환경보호 자원봉사
• 내용: 네팔 카트만두에서 아이들과 교류하며 보육(게임이나 동요를 통해 영어 가르치기, 페인트 등 학교 개보수 작업 등) 활동하고 주말에는 여행 • 기간: 2주, $2,345 USD	• 내용: 에콰도르 갈라파고스 국립공원에서 환경보호(지역사회에 환경보호에 대한 인식 제고 교육 워크숍 운영, 갈라파고스 국립공원 자연보호 활동가들과 협력) 활동하고 주말에는 여행 • 기간: 2주, $3,645 USD

출처: Projects Abroad(www.projects-abroad.org/trip-format/grown-up-specials)

② 전략 2: 세대 간 연대 강화

노인 주거시설의 단점인 세대와의 단절 극복을 위해 다양한 세대와의 접촉과 연계를 증진시키는 방향으로 노인 주거공동체 서비스를 개발한다. 지역사회 내 다양한 세대들이 시니어 입주민들과 교류를 확대하여 세대 간에 지닌 역량, 지식, 경험, 기술 등을 교환하고 활용할 수 있도록 노인 주거공동체가 세대 통합 및 연대의 중심적 역할을 수행하도록 한다. 이러한 노력은 세대 간 이해를 증진시킬 뿐만 아니라 세대 간 공감과 협력을 증진시켜 고령층의 역할을 지역사회 내 시민이자 선배로서 정립할 수 있고, 젊은 세대와의 적극적 교류를

가능하게 할 것이다.

　노인 주거공동체가 가지고 있는 공간은 지역사회의 다양한 세대가 상호작용하고 협력할 수 있는 공간으로 활용한다. 세대 간 교류와 상호작용의 허브로서 노인 주거공동체는 세대 간 경험, 지식, 기술 등의 자원을 공유하여 세대간 상호이익을 도모하는 곳으로 역할을 확장할 것이다.

　따라서 노인 주거공동체가 개발하는 서비스는 세대통합 및 연대의 핵심적 전략 방향으로 설정하고 지역사회 내 다양한 세대 간의 교류와 협력을 이끌어 내는 역할을 하게 될 것이다.

전략 2 사례: 세대간 연대 확산을 위한 서비스 개발

ㅁ 글로벌 웰니스 데이 프로그램

튀르키예에서부터 시작되어 매년 6월 두 번째 토요일에 개최되는 글로벌 웰니스 데이는 국제적인 비영리 캠페인임. '단 하루가 당신의 인생을 바꿀 수 있습니다.'라는 슬로건을 통해 다양한 세대가 함께 어울리는 여러 웰니스 프로그램을 제공함.

ㅁ 경기도 시흥에서는 매년 9월 시흥갯골생태공원에서 시흥 갯골 축제를 개최하고 있음. 특히 축제는 공동체를 주제로 시민들의 자발적 참여 속에 함께 만들어가고 있으며, 2015년 경기도 10대 축제로 선정되었고, 2017년 문화체육관광부로부터 유망 축제로 선정됨.

출처: GWD KURUCUSU. (n.d.).

ㅁ 노인 주거와 보육 시설이 결합된 일본의 고토엔 세대 융합 프로그램

• 일본의 고토엔(Kotoen)은 유아 · 아동과 노인을 위한 지역기반 통합돌봄센터로서 기능

　− 1962년 재가요양보호센터가 개소되고 1976년 보육원이 설립되면서 7세 미만 아이와 65세 이상 고령층이 자연스럽게 교류. 1987년 세대 간 가교 역할 증대를 위

해 재가요양보호센터와 유치원을 결합함.

• 1987년 육아와 노인 돌봄을 통합하는 것은 다소 생소한 개념이었으나, 사회적으로 돌봄 문제를 해결하기 위한 혁신적 방안으로 제시되었고 다양한 연구에서 세대 간 상호작용에 대한 효과성 또한 입증함.

  – 노인들과 아이들이 서로 같이 악수를 나누고 아침 운동하기, 노인이 아이들에게 책 읽어주기, 식물 기르기, 보드게임, 기저귀 갈기 등 다양한 나눔 교류 활동 전개

  – 노인들은 아이들을 돌보는 생산적인 활동을 하며 유용감과 자존감이 높아졌고 우울증과 치매에 대한 위험이 감소했으며, 아이들은 노인에게 삶의 경험 지혜를 배우고 사회적으로 노인에 대한 부정적 고정관념을 잠재적으로 줄일 수 있어 세대 간 격차를 해소하는 데 기여함.

• 보육원을 떠나 성인이 된 아이 중 일부가 사회복지사, 간호사, 보육교사로서 다시 고토엔으로 환원되어 일하며 다양한 연령층 융합 확대에 기여함.

출처: 김정근(2020); AARP(2018).

③ 전략 3: 컬렉티브 임팩트(Collective Impact) 실현

컬렉티브 임팩트는 복잡한 사회문제를 해결하기 위해 서로 다른 이해관계 자들이 함께 협력하여 공동의 목표를 달성하는 개념이다.

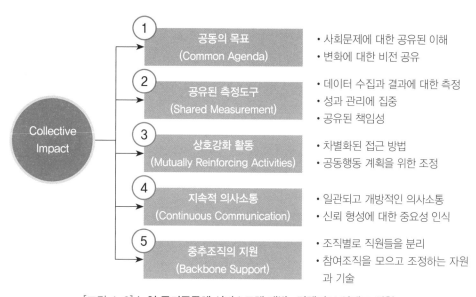

[그림 4-2] 노인 주거공동체 서비스모델 개발: 컬렉티브 임팩트 실현

저출산·고령화, 빈곤과 불평등, 교육, 환경, 지역복지 등과 관련된 사회적 문제 해결을 위해 노인 주거공동체가 '지역사회 리빙랩' 역할을 수행하는 서비스를 제공함으로써 서로 다른 주체들이 상호 간 협력할 수 있는 중추조직으로 컬렉티브 임팩트를 창출하는 역할을 할 수 있다. 노인 주거공동체는 우선적으로 고령 사회문제 해결을 위한 '지역사회 거주 고령자 리빙랩'을 운영하여 사회혁신의 솔루션을 제공하고자 한다.

전략 3 사례: 컬렉티브 임팩트 실현을 위한 서비스 개발

▫ 지역사회 자원 연계 사회참여(취·창업, 자원봉사)

• GBER(Gathering Brisk Elderly in the Region)는 지역에서 활기찬 노인 모임의 줄임말로, 노인이 지역사회에 참여할 수 있는 기회를 찾을 수 있도록 지원하기 위해 도쿄 대학과 노인 시민 그룹 간 파트너십을 통해 형성된 플랫폼

  − 건강하고 활동적인 노인 각자 본인의 관심사에 맞는 업무를 매칭하고 작은 일이라도 집단 단위로 다른 사람들과 함께 업무를 수행하는 방향으로 진행함.

• GBER는 도쿄대학이 중추기관으로 노인의 활동(취업, 자원봉사)으로 지역사회를 활성화하는 것을 공통의 목적으로 설정함.

  − 지역사회 다양한 기관들과 함께 일반 노인일자리사업(정원 가지치기, 가정 육아지원 등)과 같이 쉽고 단순한 저숙련 업무보다 난이도가 있는 업무를 제공하기 위해 노력함.

정원 가꾸는 가지치기	육아에 도움이 필요한 가정 지원
• 내용: 세컨드 라이프 팩토리(Second Life Factory)는 2013년 도쿄대학 노년학 연구소가 주최한 고용 세미나 참가자들이 2015년에 설립한 시민 단체임. 정원 가꾸기 기술 습득에 관심 있는 노인 대상 가지치기에 대한 이론 및 실습 프로그램을 제공하여 100여 명이 교육을 수료했고, GBER 일을 함께 수행함.	• 내용: 육아에 도움이 필요한 가정에 60세 이상 가사 능력을 갖춘 여성이 업무 수행함.

출처: Arita, S., Hiyama, A. & Hirose, M. (2017)

④ 전략 4: 노년 초월 실현

'노년 초월'은 나이듦으로 우리가 스스로 가지고 있었던 제한과 고정관념을 탈피하여 창의적이고 활동적 삶을 영위한다는 개념이다. 나이가 들어도 자아실현, 사회적 기여, 새로운 경험과 도전을 통해 노후 삶의 질을 더욱 풍요롭게 만들 수 있다는 의미이다.

〈표 4-2〉 **노년 초월(Gerotranscendence)**

▶ 노년 초월은 기존 Erikson의 8단계 심리발달이론에서 제9단계로 추가되면서 노화에 대한 새로운 관점을 제시(Erikson & Erikson, 1997)
- 노년 초월은 인간의 심리사회적 발달단계 제8단계의 발달과업(자아통합(ego integrity) 대 절망(despair))을 완수할 경우 이르게 되는 9단계
▶ 노년 초월은 노화에 대한 부정적 생각이 아닌 긍정적 관점으로 바라보게 되며 자신에 대한 집착이 감소하고, 사회활동에 대한 선택에 더욱 신중하게 됨.
- 이기적인 모습보다는 이타적인 모습으로 변화
- 죽음 불안이 없어지거나 삶과 죽음에 대한 새로운 이해를 하게 됨.
- 필요한 재물의 소유는 용인되지만, 그 이상의 재물은 허용되지 않음.
- 평소 기뻐했던 일보다 작은 일에도 기뻐함.
- 노화를 자연스러운 생의 과정으로 인정하고 곁치레나 집착이 감소하고 진정한 삶의 의미에 집중

출처: 윤민석(2012).; Tornstam, L. (1997).; Erikson, E. H., & Erikson, J. M (1998)

따라서, 노인 주거공동체의 서비스는 사회적 퇴직과 쉼의 시기에서 활동적이고 창조적인 시기로 전환하는 데 초점을 두고자 한다. 이를 위해 노인 주거공동체에 거주하는 입주민들의 다양한 가능성과 도전을 격려하고, 활성화시키고자 한다. 새로운 취미나 기술을 배우거나 개발할 수 있고, 사회적으로도 자신의 역량을 발휘하고 기여할 수 있는 다양한 기회를 창출하고자 한다.

전략 4 사례: 노년 초월 위한 서비스 개발

▫ 예술 활동을 통한 창의적 자아표현 및 초월적 존재 경험 프로그램

• '노래 그룹 프로그램, 연극 교육, 시각 예술 등 노인이 예술 활동에 참여하는 것은 노인의 건강과 삶의 질 향상에 도움이 됨(National Institute on Aging 홈페이지, 2013; National Institute on Aging 홈페이지, 2019)

• 또한 예술 활동은 삶의 마지막 단계인 노년기에 몰입할 수 있도록 하여 자아 확장과 노인이 당면한 한계를 초월하는 경험을 할 수 있도록 이끌어 줌.

  – 노년기에는 노화로 인해 신체적, 사회적 한계가 발생하며 자기 존재에 대한 관심이 고조

  – 취미로서의 예술 활동범위를 넘어서 창의적으로 자아를 표현하고 초월과 성숙이라는 노년의 궁극적인 과업을 달성하는 자기완성의 여정을 경험(김하나, 2020)

• 미국 샌프란시스코 커뮤니티 뮤직센터 내 Community of Voices 지역 합창단에서의 6개월 활동 동안 참여자들은 규칙적이고 체계적으로 노래를 부르며 삶에 대한 관심이 증가한 것으로 나타남.

Community of Voices
• 내용: 감정을 표현할 수 있는 담화, 다과 휴식, 노래의 의미 및 문화사에 대해 토론, 워밍업 신체 활동(앉기, 서기, 호흡 시 복부 및 가슴 근육 사용에 자세 집중, 스트레칭), 노래 배우기, 합창 연습
• 기간: 44주(매주 90분씩)

출처: 김하나(2020).

– 프로그램은 총 44주 동안 매주 90분씩 모임을 갖고 '감정을 표현할 수 있는 담화 –
다과 휴식 – 노래의 의미 및 문화사에 대해 토론 – 워밍업 신체 활동(앉기, 서기,
호흡 시 복부 및 가슴 근육 사용에 자세 집중, 스트레칭) – 노래 배우기 – 합창 연
습'으로 구성

출처: National Institute on Aging 홈페이지

2. 한국 노인 주거공동체 서비스 개발

한국 노인 주거공동체가 새로운 주거공간으로서 자리 잡기 위해서는 주거
라는 공간적 모형과 더불어 입주자들의 욕구를 반영한 새로운 서비스 모형이
결합된 특화 모델들이 개발되는 것이 필요하다. 과거와는 다른 노후생활 욕구
를 가진 1차 및 2차 베이비부머 세대가 지속적으로 고령층에 진입하고, 기존
주거 모델이 이들의 다양한 욕구와 필요를 충족시키지 못해 발생하는 노후 삶
에 대한 불안을 해소하기 위한 실천적 방안들이 요구된다.

하지만 노인 주거공동체의 혁신 모델은 단순히 새롭고 기존의 없었던 형태
만을 의미하는 것이 아닌 삶의 기본과 원칙을 회복하여 삶의 안정감과 회복,
그리고 의미에 중점을 두고자 한다. 따라서 노인 주거공동체 혁신 모델은 4가
지 원칙을 두고 실천적 방향을 제시하고자 한다. 첫째, 노인 주거공동체 혁신
모델은 입주자들의 다양한 욕구와 요구에 기반하여 개발된다. 이는 노인 주거
공동체의 근본적 존재 목적이 입주민들의 다양한 욕구와 필요를 충족시키고,
노후 삶의 질을 향상시키는 것이기 때문이다. 노인 주거공동체에 입주한 고령
자들의 욕구가 서로 완전히 일치하지는 않더라도, 입주민 간의 합의과정을 통
한 이해갈등 해소와 상호소통은 노인 주거공동체의 문제해결능력과 유대감을
향상시키는 데 기여할 것이다. 둘째, 노인 주거공동체 혁신모델은 입주자들이
지역사회와 협력하여 지역 문제를 해결하는 상호 도움을 강조하는 문화를 내

포하고자 한다. 노인 주거가 가지고 있는 사회적 선입견 또는 부정적 이미지를 극복할 뿐만 아니라, 노인 주거공동체 내 입주민들이 지역사회와 함께 나이듦(Aging)을 이룰 수 있는 기회를 제공해 줄 것이다. 셋째, 노인 주거공동체 혁신 모델은 입주민의 개별화된 맞춤형 서비스 제공과 예방효과 증진을 위해 디지털 기술을 적극적으로 활용하고자 한다. 디지털 플랫폼과 솔루션을 활용하여 입주자들에게 편의와 효율성을 제공한다. 마지막으로, 노인 주거공동체는 리빙랩(Living Lab)이라는 개념을 기반으로 서비스를 개발한다. 이는 노인 주거공동체 모델이 입주자들의 주거 환경에서 실험과 혁신을 통해 새로운 아이디어를 찾아가는 과정에서 만들어지고 있음을 의미한다. 리빙랩을 통해 입주자들과 지역사회 자원의 참여와 창의성을 촉진시키고, 노인 주거 환경의 개선을 이루고자 한다.

1) 노인 주거공동체 서비스 개발을 위한 실천적 핵심요소

노인 주거공동체 서비스 모델 개발을 위한 실천적 4대 핵심요소들은 다음과 같다. 다음의 각 4대 핵심요소들은 노인 주거공동체 서비스인 일반 서비스, 공동생활지원 서비스, 지역사회 활동 연계서비스 개발을 위한 기본적인 방향성을 제시하고 있다.

- 입주자 욕구 기반: 노인 주거공동체의 서비스는 입주자들의 다양한 욕구와 요구에 기반하여 개발된다. 고령자들의 다양한 욕구와 필요를 충족시키고, 삶의 질을 향상시키는 데 초점을 맞추고 있다.
- 노인 주거공동체 특화: 노인 주거공동체가 제공하는 서비스는 운영자인 노인 주거공동체의 특성을 포함한다. 이는 서비스가 입주자들이 지역사회와 협력하여 지역 문제를 해결하는 상호 도움을 강조하는 문화를 내포하고 있음을 의미한다. 노인 주거공동체가 가지고 있는 브랜드 이미지와 역

할을 바탕으로 노인 주거공동체 내 입주민들의 삶의 질을 향상시키는 서비스를 개발하고자 한다.

• 디지털 기반 개인맞춤/예방중심형 서비스: 노인 주거공동체의 서비스는 입주민의 개별화된 맞춤형 서비스 제공과 예방효과 증진을 위해 디지털 기술을 적극적으로 활용하고자 한다. 디지털 플랫폼과 솔루션을 활용하여 입주자들에게 편의와 효율성을 제공한다.

• 리빙랩 기반 서비스: 노인 주거공동체는 리빙랩(Living Lab)이라는 개념을 기반으로 서비스를 개발한다. 이는 노인 주거공동체 서비스가 입주자들의 주거 환경에서 실험과 혁신을 통해 새로운 아이디어를 찾아가는 과정에서 만들어지고 있음을 의미한다. 리빙랩을 통해 입주자들과 지역사회 자원의 참여와 창의성을 촉진시키고, 시니어 주거 환경의 개선을 이루고자 한다.

[그림 4-3] **노인 주거공동체 서비스 모델 개발을 위한 4대 핵심요소**

2) 노인 주거공동체 서비스 분류

노인 주거공동체 제공 서비스는 기본적으로 다음과 같이 일반서비스, 공동 생활 지원 서비스, 지역사회 활동 연계서비스 등 총 3가지로 구분될 수 있다.

〈표 4-3〉 노인 주거공동체 제공 서비스 개요

구분	서비스 내용				
일반 서비스	▶생활편의 제공1 (시설관리/안부확 인/생활상담/응급 상황 지원)	▶생활편의 제공2 (주민자치: 일상생 활지원-청소,세탁, 식사,이동 지원)	▶보건의료 지원1 (My Health Record/ 건강상담)	▶보건의료 지원2 (건강검진, 만성질 환예방 및 관리, 치 매예방관리, 진료동 행, 돌봄 지원)	▶전문가 자문 지원 (법률/금융상 담 등)
공동생활 지원 서비스 (주민 자치형)	▶공동체 활성화 지원 (운영,시설,식사준비,건강 관리 지원)			▶취미 · 여가 생활지원 (주거공동체 내부의 문화/여가, 교육, 동아리 활동)	
지역사회 활동 연계 서비스 (주민 자치형)	▶취업 및 창업 지원1(내부) (리빙랩,기술교육/생애전환 교육, 사무실 및 사무기기 임 대, SW활용지원, 공공일자리 연계 지원)	▶취업 및 창업 지원2(외부) (기술교육/생애전환교육, 사 무실 및 사무기기 임대, SW 활용 지원, 공공일자리 연계 지원)	▶자원봉사활동 지원 (리빙랩,국내/해외 자원봉사)	▶취미 · 여가활 동 연계 지원 (입주민의 지역 사회내 문화/여 가, 교육, 동아리 활동지원)	

첫째, 일반 서비스는 생활편의 제공서비스, 보건의료 지원 서비스, 전문가 자문 지원 서비스로 구성된다. 생활편의 제공서비스는 입주민들의 일상생활 을 편리하게 만들기 위한 서비스를 제공하고, 보건의료 지원 서비스는 입주민 들의 건강을 관리하고 의료서비스를 지원한다. 또한 전문가 자문 지원 서비스 는 입주민들의 다양한 문제와 관련된 전문가의 조언과 지원을 제공한다.

둘째, 노인 주거공동체 서비스 분류에 해당되는 공동생활 지원 서비스는 입 주민들이 노인 주거공동체 안에서 활동하는 것을 지원하는 내용으로 구성되며, 노인 주거공동체에 거주하는 주민 자치형으로 운영된다. 공동생활 지원 서비스는 공동체 활성화 지원 서비스와 취미·여가생활 지원 서비스로 나눌 수 있다. 공동체 활성화 지원 서비스는 입주민들의 상호작용과 협력을 촉진하며, 공동체 내에서 활동과 행사를 지원하는 역할을 수행한다. 취미·여가생활 지원서비스는 입주민들이 노인 주거공동체에서 실시하는 다양한 취미 활동과 문화, 예술, 운동 등의 활동 지원을 포함한다.

셋째, 지역사회 활동 연계서비스는 입주민들이 노인 주거공동체 내부가 아닌 외부에 있는 지역사회 활동에 참여할 수 있도록 지원하는 서비스들로 구성된다. 이 서비스는 노인 주거공동체가 속한 지역사회의 다양한 취업 및 창업 지원, 자원봉사 활동 지원, 취미·여가활동 지원 등으로 나눌 수 있다. 취업 및 창업 지원 서비스는 취업이나 창업에 참여할 수 있도록 노인 주거공동체가 필요한 지원을 제공하는 것을 포함한다. 노인 주거공동체에 있는 공간을 활용하는 경우에는 '취업 및 창업 지원1'에 해당되며, 지역사회 내에 있는 공간을 활용하는 경우는 '취업 및 창업 지원2'에 해당된다. 취업 및 창업 지원은 리빙랩이나, 기술 지원, 생애전환교육 등 지역사회 활동 연계서비스를 제공한다. 자원봉사활동 지원은 노인 주거공동체 입주민들이 지역사회에서 자원봉사활동에 참여할 수 있도록 필요한 교육 및 자원을 연계하는 것을 의미한다. 취미·여가활동 연계지원은 입주민들이 노인 주거공동체 내부가 아닌 이들이 거주하고 있는 지역사회 내에서 운영되고 있는 취미·여가활동에 참여할 수 있도록 정보제공, 교통편 안내, 기타 지원 등을 포함한다. 이를 통해 노인 주거공동체 입주민은 자신이 속한 지역사회 일원으로서 사회적 참여를 증진할 수 있고, 지역사회 및 지역주민들과 관계망을 확장시킬 수 있다. 노인 주거공동체에서 제공하는 3가지 서비스를 구체적으로 살펴보고자 한다.

(1) 일반 서비스

노인 주거공동체 입주민을 위한 가장 기본적인 일반 서비스는 생활편의 및 건강증진을 위한 서비스, 그리고 생애주기 변화에 따른 전문가 자문 지원 서비스, 그리고, 법률 및 금융에 대한 전문가 지원 서비스를 포함한다. 구체적으로 예를 들면 생활편의 제공서비스는 다음과 같이 총 5가지 서비스로 구성된다.

- 시설관리서비스: 노인 주거공동체의 시설과 장비 유지 및 관리를 포함
- 안부확인서비스: 입주민들의 안녕과 원활한 소통을 위해 정기적으로 안부를 확인하고 관리
- 생활상담서비스: 심리적인 지원과 상담을 제공하여 입주민들의 문제와 어려움을 해결하고, 사회적인 연결을 촉진
- 응급상황 지원 서비스: 응급 상황 발생 시 신속한 대처와 지원을 제공
- 일상생활 지원 서비스: 청소, 세탁, 식사, 교통 등의 일상적인 생활 지원을 제공

그 외 표에서 제시한 것처럼 보건의료서비스는 총 7개, 전문가 자문 지원 서비스는 총 2개의 서비스로 구분될 수 있다. 구체적인 관련 내용은 다음에서 기술하고자 한다. 다음 표에서 나타난 선택사항은 노인 주거공동체가 필수 또는 선택적으로 운영할 수 있는 일반 서비스들을 의미한다. 일반 서비스 운영주체는 노인 주거공동체 실무자, 위탁업체 또는 관련 전문가로 구분된다. 이는 개별 공동체의 운영 정책과 입주민의 요구에 따라 결정된다. 각 서비스별 구체적 내용은 다음과 같다.

〈표 4-4〉 노인 주거공동체 일반서비스 개요

서비스 분류		선택사항	서비스 운영 주체
생활편의 제공 서비스	시설관리서비스	필수	노인 주거공동체 실무자
	안부확인서비스		
	생활상담서비스		
	응급상황 지원 서비스		
	일상생활 지원-청소	선택	노인 주거공동체 실무자/ 위탁업체
	일상생활 지원-세탁		
	일상생활 지원-식사		
	일상생활 지원-교통		
보건의료 서비스	My health Record	필수	노인 주거공동체 실무자/ 위탁업체
	건강상담 서비스		
	건강검진 서비스	선택	위탁업체
	만성질환예방 및 관리 서비스		
	치매예방 관리 서비스		
	진료 동행 서비스		
	돌봄 지원 서비스		노인 주거공동체 실무자/ 위탁업체
전문가 자문 지원 서비스	법률 자문 지원 서비스	필수/ 선택	노인 주거공동체 전문가/ 외부 관련 전문가
	금융 자문 지원 서비스		

① 생활편의 제공 서비스

입주민들의 생활편의 제공 서비스에 대한 욕구가 다양하기 때문에 필수 서비스와 선택 서비스를 구분하여 운영하고 유지하는 것이 필요하다. 필수 서비스는 기본 관리비에 서비스료가 포함되어 있으며, 회원들은 추가 비용 없이 해당 서비스를 이용할 수 있다. 선택 서비스는 각각의 서비스에 대해 추가 비용을 지불하는 형태로 제공되며, 운영 과정에서 입주민들의 요구사항을 고려하여 필수 서비스 항목은 변경 가능하다. 이러한 운영방식은 입주민의 다양한 서비스 욕구에 맞추어 유연하게 대응하며, 필수 서비스와 선택 서비스의 구분은 입주민들이 필요로 하는 서비스를 제공하고 동시에 전달체계의 효율성 유지에 도움을 줄 것이다. 또한, 필수 서비스 항목은 입주민들의 욕구와 우선순위에 따라 조정될 수 있어, 상황에 따른 지속적 개선과 유연성, 그리고 신속한 업데이트가 필요하다. 생활편의 제공 서비스는 주로 다음의 8가지 서비스로 구성된다.

〈표 4-5〉 **노인 주거공동체 생활편의 제공 서비스**

구분	내용
시설관리 서비스	□ 시설관리 서비스는 시설의 안전 관리, 세대의 시설 및 장비 보수를 통한 회원 거주 편의성 증대를 목적으로 제공함. • 운영방식: 시설관리 효율성 증대를 위해 노인 주거공동체 직원에 의해 제공함. • 세대 내 잦은 시설 문제 해결: 고장난 가전제품 수리, 전구 교체, 문틀 보수, 전화 · 인터넷 · 인터폰 설비 보수, 케이블TV 보수 • 시설 안전 관리: 급수시설 및 배관설비 관리, 전기 및 화재 안전 관리
안부확인 서비스	□ 안부확인 서비스는 입주민의 컨디션 확인을 통한 회원의 안정적인 생활 환경 조성을 목적으로 제공함. • 운영방식: 입주민에 대한 누적된 정보를 통한 컨디션 확인과 원활한 의사소통을 필요한 영역이므로 주거공동체 직원에 의해 운영함. • 입주민의 안정을 확인하기 위해 식사 여부, 건강 상태, 주거 시설 활동 여부 등을 확인함. • 세대 내 디지털 헬스케어 기기 이용한 컨디션 확인 • 건강상 어려움이 있는 회원의 변화 확인이 필요하며 서비스와 연계
생활상담 서비스	□ 생활상담 서비스는 노인 주거공동체 생활 적응 및 삶의 연속선상에서 발생하는 위기관리를 지원함. • 운영방식: 효율적인 상담을 위한 입주민과 라포가 중요하므로 노인 주거공동체 직원에 의해 관리함. • 신규 입주민의 노인 주거공동체 적응을 위한 서비스 안내 및 욕구 사정, 정서 지지서비스를 제공함. • 노인 주거공동체 생활 중 입주민과의 갈등 해소를 위한 상담과 생애주기 변화에 따른 건강, 정서, 인지 문제에 대한 상담을 포함함. • 입주민 가족 간 발생한 불편함 해소를 위한 상담도 제공함.

응급상황 지원 서비스	□ 응급상황 지원 서비스는 노인 주거공동체 생활 중 발생한 응급 상황에 대한 적절한 대처서비스를 제공함. • 운영방식: 입주민의 건강 정보를 열람하고 관리하는 노인 주거공동체 직원에 의한 관리 • 응급상황 대처를 위한 세대 내 시설 설치 관리(응급벨, 호출기 등) 및 심정지를 위한 심실세동기 설치 • 환자 이송을 위한 이동수단 구비(카트나 들것) • 전직원의 심폐소생술을 비롯한 응급대처 기술 역량 유지(정기적인 보수 교육) • 세대 내 디지털 헬스케어 기기 이용한 컨디션 확인 및 지역 내 의료시설 및 119 응급체계와의 연계 유지 • My health record 관리를 통해 응급상황에서 필요한 의료정보 관리 서비스 제공 • 홀로 사는 회원의 응급상황(의식 불분명 등의 상황)에서 적절한 응급처치가 이뤄지도록 병원 후송시 의료정보 지참 필요
일상생활 지원 서비스-청소	□ 일상생활 지원 서비스 중 청소 서비스는 청결한 세대 환경 유지를 위한 서비스로 필요시 선택 서비스로 이용 건수 또는 기간 이용에 따른 비용 지불 방식으로 가능함. □ 내부 직원에 의한 서비스 운영 또는 외부 청소 위탁 업체 선정과 노인 주거공동체 운영진은 관리 감독함.
일상생활 지원 서비스-세탁	□ 일상생활 지원 서비스 중 세탁 서비스는 회원의 건강한 일상생활 유지를 위한 서비스로 필요시 선택 서비스로 이용 건수에 따라 비용 지불 방식으로 운영 가능함. □ 외부 세탁 업체를 통한 서비스 제공하고 직원은 연계 및 관리 감독 유지 □ 노인 주거공동체 시설 내 공용 세탁실 운영으로 대체 가능. 이 경우 도구적 일상생활(IADL)이 어려운 입주민의 경우 직원의 지원 필요
일상생활 지원 서비스-식사	□ 일상생활 지원 서비스 중 식사 서비스는 입주민의 적절한 영양 관리를 통한 건강생활 유지를 위한 서비스 • 운영방식: 월별 의무식, 이용 건수별 비용 지불 등 선택 서비스제로 운영. 내부 직원에 의한 식당 운영 또는 위탁 업체 지정 운영 등 가능 • 입주민의 건강 상태에 따른 치료식, 일반식, 연식 등 적절한 식사를 제공 • 입주민의 기호를 반영한 식단 운영(음식 구성, 음식 온도)을 위해서는 영양사에 의한 식단관리 및 식사 상담 서비스 필요

	• 상시 근무 영양사 사용이 어려울 경우 촉탁 영양사 혹은 비상근직 영양사에 의한 식사 관리 • 식품위생법에 따른 식재료 및 식당, 조리실 운영과 함께 위탁급식업체 사용 시 적절한 법 준수 사항, 허가사항 확인하고 관리 감독 유지 필요
일상생활 지원 서비스-교통	▫ 일상생활 지원 서비스 중 교통서비스는 거동이 불편하거나 대중교통 이용이 어려운 입주민의 기동성 확보를 위해 필요 ▫ 운영방식은 사용 건수에 따른 비용 지불 방식으로 운영하거나 택시업체 연계 지원 가능

② 보건의료 지원 서비스

입주민들의 보건의료 지원 서비스에 대한 욕구도 다양하기 때문에, 필수 서비스와 선택 서비스를 구분하여 운영하고 유지하는 것이 필요하다. 필수 서비스는 기본 관리료에 서비스료가 포함되어 있으며, 회원들은 추가 비용 없이 해당 서비스를 이용할 수 있는 서비스를 의미한다. 선택 서비스는 각각의 서비스에 대해 추가 비용을 지불하는 형태로 제공된다.

노인 주거공동체에서 제공하는 전문의료 지원 서비스는 자체 직원 관리의 어려움 때문에 위탁관리가 상대적으로 용이할 것으로 보인다. 이를 위해 적절한 비용을 지불하여 촉탁 간호사나 비상근직 간호사를 활용한 보건의료 관리 서비스를 운영할 수 있다. 이는 전문 의료인의 참여가 필수적인 보건의료 지원 서비스를 제공하는 데 도움이 된다. 예를 들면, 상근직 간호사 채용의 어려움이 있기 때문에 촉탁 간호사나 비상근직 간호사를 고용하여 보건의료 관리 서비스를 제공할 수 있다.

또한 보건의료 지원 서비스 제공을 위해 지역사회 기반 보건의료 지원기관의 현황을 관리하는 것은 필수적이다. 지역사회기반 보건의료기관과의 연계를 위해 진료연계 시스템과 진료 내역 등에 대한 정보를 수집하고 주기적으로 업데이트하는 관리체계가 필요하다. 또한, 지역사회기반 공공보건 의료서비스 제공기관(보건소, 치매안심센터, 정신보건복지센터)의 구체적인 서비스 내용과 담당자를 확인하고, 연계체계를 구축하는 것이 노인 주거공동체 보건의료 지원 서비스를 구축하는 데 필수적이다. 노인 주거공동체에서 제공하는 보건 의료 지원 서비스는 다음과 같이 총 7가지로 분류할 수 있다.

〈표 4-6〉 **노인 주거공동체의 보건의료 지원 서비스**

구분	내용
MHR (My Health Record)	□ 목적: 입주민의 의료 데이터 및 건강 관리 서비스 제공 내용을 통합 관리하여 필요시 대상자 및 연계기관에 제공하고자 기록관리 유지. 담당 직원의 변경에도 적절한 서비스 제공을 위한 정보 축적 • 운영방식: 개인정보이므로 내부 직원에 의한 관리 유지 필요하며 필수 서비스로 제공. 보안 설정으로 정보 접근성 관리 필요 • 입주민 입소 시 과거력, 가족력, 현재력 등 건강과 관련된 정보 수집 • 입주민이 이용하는 병원, 투약 상황 등 현재 건강 상태와 관련된 정보 수집 • 생애주기별 필요한 인지정서검사(우울검사, 치매검사), 건강검진 결과 등도 수집하여 기록 관리 • 간호사에 의해 정보 수집 및 관리 유지가 가장 이상적임

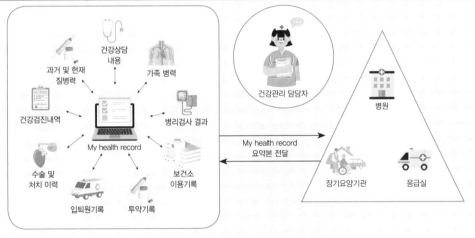

[그림 4-4] My healthcare record 운영

건강상담 서비스	▫ 건강상담 서비스는 입주민의 적절한 건강 관리를 위한 코칭 및 지원을 목적으로 제공 • 운영방식은 필수 서비스로 간호사에 의해 운영 관리되며, 병원 진료 후 필요한 건강 관리 지침 수행을 위한 교육이 필수 • 건강 변화에 따른 적절한 의료서비스 선택을 위한 제언 • 정서적 변화 확인 및 안정적인 정서 지지와 전문적인 지원체계 연계 • 투약과 관련된 부작용 및 올바른 투약 방법 상담 • 노화로 인한 건강 문제에 대한 적합한 관리 방법 제안
건강검진 서비스	▫ 입주민의 건강 상태와 전염병 질환 이환 여부 확인을 통한 건강 관리 계획 수립의 기초 자료로 사용 • 운영방식: 비용 부담이 큰 영역으로 정기적인 검진과 검진 항목 선택의 어려움이 있으나 입소 시 검진은 필요함. 위탁업체에 일임하거나 지역사회 의료기관과 협력 체계 구축하여 실시 • 연간 1회 건강검진 바람직하나 운영 여건에 맞춰 실시: 검진 비용에 대한 부담을 갖는 회원을 위해서는 2년에 한번 실시하는 국민건강보험공단 검진을 적극 권유하여 검사 결과를 건강 관리계획의 데이터로 활용 • 치매검사는 치매안심센터에서 무료로 선별검사 가능하니 매년 반드시 실시 • 정서 문제를 일으키는 입주민의 검사를 위해 정신보건복지센터의 전문적 서비스 연계를 적극적으로 활용
만성질환예방 및 관리 서비스	▫ 만성질환 예방 및 관리 서비스의 목적은 입주민의 만성질환 관리로 건강수명 연장 및 건강하고 활동적 생활을 유지하는 데 있음. • 운영방식: 위탁업체에 의한 운영 • 만성질환자의 생활습관 개선을 위한 프로그램 설계 및 적용 • 운동처방에 의한 개인별 맞춤 운동프로그램 적용 혹은 관련기관 연계 • 만성질환별 영양상담, 식이처방, 적절한 건강기능 식품 사용에 대한 교육 등 실시 • 사회적 처방 프로그램을 통한 만성질환 및 정서적 문제 해결을 위한 대안 마련도 검토 가능: 사회복지사 주도하는 삶의 질 향상 프로그램으로, 의료인 중심의 건강 관리 서비스 대안으로 발전 여력 있음.

치매예방 관리 서비스	□ 치매예방 관리 서비스는 입주민의 인지기능 유지를 통해 노후 삶의 질 증진을 목적으로 운영 • 운영방식은 위탁업체의 관리 프로그램 적용과 지역사회 치매안심센터의 프로그램을 연계할 수 있으며, 연 1회 치매선별검사 실시 • 경도인지장애(Mild Cognitive Impairment: MCI) 회원의 노인 주거공동체 거주 환경 조정(유니버설 디자인 적용) • 치매예방 프로그램, 인지증진 프로그램 등 인지 상태에 따라 프로그램 관리 • 인지 상태 변화에 따라 장기요양등급 신청 안내 • 장기요양등급 변화에 따른 적절한 장기요양기관 안내(주간보호센터, 요양원) • 배우자의 돌봄 능력 증진을 위한 교육 및 정서 상담
진료 동행 서비스	□ 진료 동행 서비스는 혼자 사는 입주민 또는 도구적 일상생활에 문제가 있는 입주민이 병원이나 의원 방문 시 함께 동행하는 서비스 • 운영방식: 위탁업체에 의뢰해서 실시하거나 건강 관리담당자(간호사)가 직접 진료 동행 서비스 구현 가능 • 진료 시 얻게 된 건강 정보, 예약 정보를 건강 관리담당자에게 전달하여 건강 정보의 연속성 유지 • 필요 시 교통지원 서비스와 같이 제공 〈병원동행서비스 제공업체 예시: 고위드유〉    전문 동행 매니저　　　방문 픽업부터 귀가 동행까지　　개인 맞춤형 토탈 서비스 제공 　　　　　　　　　　안전하고 편리한 서비스 간호사, 간호조무사, 요양보호사,　방문 픽업부터 귀가 동행까지 안　다양한 병원동행 서비스 경험을 사회복지사 자격을 갖추고 병원동　전하고 편리한 서비스　　　바탕으로 명원 일정과 고객 상황 행 전문교육 이수　　　　　　　　　　　　　에 맞는 서비스 제공 출처: 고위드유 홈페이지(www.gowithu.or.kr)

돌봄 지원 서비스	☐ 돌봄 지원 서비스는 입주민 건강, 인지상태 변화에 따른 돌봄 방법 및 돌봄지원 기관 연계를 통한 입주민 가족의 서비스 만족도 증대에도 기여 • 운영 방식: 노인 주거공동체 사회복지사의 욕구 사정(Need Assessment) 후 필요한 서비스 업체 연계 • 입주민의 건강 상태, 일상생활 수행 능력, 인지능력 등의 변화에 따라 적절한 평가 체계 안내(건강검진, 치매검사, 우울 검사, 허약평가 등) • 상태 변화가 있는 입주민의 장기요양등급 신청 안내 • 장기요양등급 판정을 받은 입주민이 이용 가능한 장기요양시설 안내(방문요양기관, 주야간보호센터, 요양원) • 세대 내 유니버설 디자인 필요 여부 확인 후 적용을 지원(미끄럼 방지 매트, 욕실 손잡이, 현관 조명, 야간 실내등 등)

특별히, 보건의료 지원 서비스에 포함되어 있는 만성질환 예방 및 관리서비스의 실효성을 높이기 위해 '사회적 처방 프로그램'을 노인 주거공동체 제공 서비스로 특화할 필요가 있다.

사회적 처방(Social Prescription)은 영국의 NHS(National Health Service)제도 안에서 환자한테 직접 대장암 건강검진을 받으라고 하면 응답률이 20%밖에 안 되지만, 주치의가 직접 대장암 검사받으러 오라고 하면 응답률이 70%나 올라가는 이유에 대해 고민하면서 나온 방법이다. 즉 대면적인 관계를 통해 주치의가 의료적인 문제 해결뿐만 아니라 비의료적 문제에 대한 해결 방법을 제시할 때 참여자의 응답률이 증가한다는 것이다. 인간중심적인 치료 접근 방법으로 의료적 처방에서 할 수 없는 비의료적 처방의 중요성에 대해 관심을 갖게 되었고, 이를 사회적 처방이라고 부르게 되었다. 사회적 처방은 단순히 대상자의 증상 치료에 그치지 않고 개인의 사회적 환경과 관계를 고려하여 종합적인 건강증진을 목표로 한다. 이는 대상자의 정기적이고 다양한 측면의 삶의 질 개선을 고려하여 사회적 자원과 의료 분야 간의 협력과 연계를 강화하는 새로운 치료법이다. 주요 적용 대상은 다음과 같다.

- 장기 치료가 필요한 사람
- 정신건강적인 지원이 필요한 사람
- 외롭거나 고립된 사람
- 다양한 사회적 복지 서비스에 대한 욕구가 있는 사람

영국에서 사회적 처방은 주치의들이 환자를 사회적 처방사[링크 워커(Link worker)라고도 불림]에게 의뢰하는 방식으로 이루어진다. 사회적 처방사는 코디네이터 역할을 수행하며 사회복지사의 역할도 수행한다. 그들은 환자와 함께 문제를 해결하기 위한 대안을 찾아가는 과정에 참여하여 상담을 통해 환자에게 적합한 해결책을 설계하고 부정적인 요소를 제거하며 적절한 전문가나 서비스로 연결하여 대상자의 삶의 질을 향상시킨다.

〈표 4-7〉 노인 주거공동체의 보건의료 지원 서비스 – 사회적 처방 서비스

사회적 처방(Social Prescribing)
□ 개요
• 정의: 의료진이 아닌 전문가에 의한 정신건강 등을 포함한 다양한 문제를 가진 환자나 고객에게 의료적 처방 외 다양한 사회적 지원을 제공하는 것으로 환자의 삶의 질 개선과 치료 효과를 높일 수 있음. • 역사: 2016년 영국의 NHS(National Health Service)제도 안에서 주치의 상담 사유가 20%인 점에 착안하여 비의료적인 문제를 해결하기 위해 마련함. • 적용 대상: 장기치료가 필요한 사람, 정신건강적 지원이 필요한 사람, 외롭거나 고립된 사람, 다양한 사회적 복지 서비스 욕구가 있는 사람 • 방법: 영국의 주치의가 환자를 사회적 처방사에게 의뢰하고 고통받는 환자와 함께 문제 해결을 위한 대안을 찾아감. 사회적 처방사는 상담을 통해 환자에게 적합한 해결책을 디자인하고 대상자의 삶의 질 향상을 위해 부정적 요소를 제거하고 적절한 전문가나 서비스로 연결함. • 사회적 처방은 영국, 캐나다, 호주, 일본, 싱가포르 등 다양한 국가에서 시행되고 있는 비교적 최근 의료 개념임. 환자에게 지역사회에서 이용 가능한 서비스를 연계 및 제공해 줌으로써 상대적으로 저렴한 비용으로 건강과 웰빙 개선과 의료비 감소가 가능한 효과적인 수단임.

- 지역사회가 보유한 비의료 서비스(신체 운동, 예술 및 음악 활동, 애완동물 요법 등)를 연결한 뒤에도 지속적으로 환자의 상태를 모니터링
- 사회적 처방을 위해 헬스케어 제공자, 사회 및 자원봉사 부문 전문가, 지역사회 자원 연계자 세 가지 주요 그룹을 참여시키고 교육해야 함.
  - 지역사회자원 종류(사례): ① 복지, 법률, 재정, 주택 지원 및 식량 안보, ② 정신 건강, 중독 및 장애 지원을 포함한 사회복지 서비스, ③ 가정·성폭력, 학대 또는 방치의 생존자 지원, ④ 사교 활동(실내·외 모임), ⑤ 고용 서비스, 직업 학습 및 사회적 기업 지원, ⑥ 평생학습 및 교육, ⑦ 신체 활동 및 영양을 포함한 건강 관리 및 건강 증진 서비스, ⑧ 도시 지역에서는 지역 공원과 같은 자연에서 시간을 보낼 수 있는 야외 활동, ⑨ 음악, 예술 및 문화 관련 활동, ⑩ 자원봉사 활동

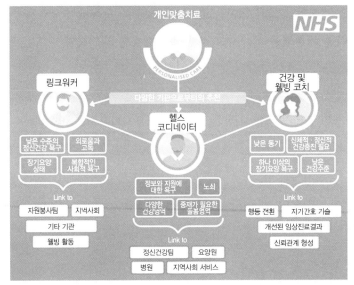

[그림 4-5] 사회적 처방을 위한 '링크워커'와 '건강 및 웰빙코치' 간의 역할 차이

출처: 영국 NHS 홈페이지(www.england.nhs.uk)

▫ 우리나라 적용 사례: 원주시 대학과 협력하는 사회적 처방 사업
- 사업 기간: 2022 ~ 2025년
- 사업 장소 및 대상: 원주시 흥업면 주위 LH아파트 거주 어르신
- 사업 수행기관: 연세대학교 의료복지연구소 건강도시연구센터, 흥업면 소재 행복가득 작은 도서관
- 협력기관: 원주시 대학교 건강체육과 건강도시팀, 흥업면 보건지소 공중보건의사
- 주요 프로그램: 뮤직스토리텔링, 악기 배우기, 텃밭 가꾸기 등

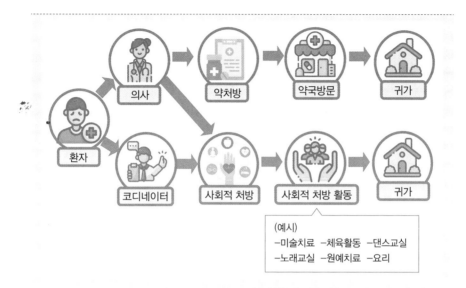

[그림 4-6] **원주시 사회적 처방 사업 개요**

출처: 남은우(2020).; 남해권, 임수빈, 이상민, & 이유림(2020).

ㅁ 시사점
노인 주거공동체 거주 입주민들의 삶의 질 향상을 위해 보건 및 의료 서비스의 보완 가
능한 프로그램으로 활용 가능

　보건의료 서비스 중 치매 예방 및 관리 서비스의 목적은 입주민의 인지 기능
유지를 통해 노후 삶의 질을 향상시키는 것이다. 치매예방 및 관리 서비스를
위해 위탁업체의 관리 프로그램을 적용하고 지역사회의 치매 안심센터의 프
로그램과 연계할 수 있으며, 매년 한 번 치매 선별 검사를 실시한다. 특히, 경
도 인지장애(Mild Cognitive Impairment: MCI) 입주민의 경우 인지 상태에 따른
치매 예방 프로그램, 인지증진 프로그램 등을 운영하고, 인지 상태의 변화에
따라 장기요양 등급 신청에 대한 안내를 제공할 수 있다. 노인장기요양 등급의
변화에 따라 적절한 장기요양 기관(주간 보호 센터, 요양원 등)을 안내하며, 배
우자의 돌봄 능력 향상을 위한 교육 및 정서 상담도 제공한다.

〈표 4-8〉 **치매예방 및 인지증진 프로그램**

□ 치매예방 및 초기 치매환자의 악화 방지를 위한 체계적이고 전문적인 비약물적 활동 프로그램 시행
• 입주민 욕구 사정과 치매검사를 근거하여 대상자를 선정
• 대상자의 인지 정도에 따라 그룹별 프로그램의 난이도 결정
• 외부 강사 인원으로 운영 관리
□ 프로그램 종류
• 작업치료: 신체적, 정신적 기능 저하를 겪는 이를 위한 치료적 활동으로 독립적인 일상생활 유지, 능동적인 사회생활 참여, 행복한 삶 구현을 위한 전문 교육 실시(컴퓨터 인지 재활, 회상 치료, 신체기능 증진 활동, 기억력 및 현실 인식 훈련)
• 원예치료: 식물에 기반한 원예활동으로 사회적, 심리적, 신체적 적응능력 향상과 심신의 건강회복을 통한 삶의 질 향상(모종심기, 누름꽃 공예, 수경 식물 재배 등)
• 음악치료: 음악을 통한 언어능력, 주의력 등의 인지기능 향상을 통한 불안, 우울 등의 부정적인 정서 감소와 사회적응력을 높이는 치료(악기 연주, 노래, 창작 등)

사례: 음악으로 기억 회상을 돕는 미국의 뮤직 앤 메모리

▷ 고령층에게 자신이 젊었을 때 즐겁게 듣던 음악을 다시 듣게 하여 기억력을 회복시키고 감정적 즐거움을 관리하는 음악치료 요법
▷ 디지털 음악기술을 활용해 고령층이 좋아하는 음악을 골라낸 다음 최종적으로 고령층과 가족들과의 인터뷰를 통해 개인 취향에 맞는 맞춤형 음악을 선곡

출처: 뮤직 앤 메모리 홈페이지(musicandmemory.org)

• 미술치료: 감정 및 내면 상태 표현, 이완, 스트레스 완화, 공간지각 능력 및 기억력 향상을 도모하는 미술을 이용한 치료 활동(종이접기, 점토공예, 수채화 그리기 등)
• 심리안정치료(스노즐렌, snoezelen treatment): 오감각을 자극하는 활동에 기반한 정서적 문제 해결 및 이완, 스트레스 감소와 휴식을 위한 치료 활동(시각, 청각, 후각, 미각, 고유수용성 감각, 전정 감각을 자극하는 다감각 자극 및 이완)

- 운동치료: 개인 맞춤 신체활동을 통한 낙상 예방, 정서적 안정을 위한 치료(실버요가, 단전호흡, 치유운동)

[그림 4-7] **감각자극을 위해 꾸민 스노즐렌 치료**
출처: 미국 매소닉케어(Masonic care) 커뮤니티 홈페이지(masonichomeny.org)

③ 전문가 자문 지원 서비스

전문가 자문 지원 서비스는 법률 자문 지원과 금융 자문 지원 서비스로 구분되고, 이 서비스는 입주민의 연령 증가와 디지털 환경에서 정보의 접근성 변화에 따라 금융 및 법률적 권리 보장을 위한 전문가들의 상담 및 지원 서비스를 포함한다.

첫째, 법률 자문 지원 서비스는 입주민의 생애 변화에 따른 법률적 문제 처리를 지원한다. 이 서비스는 전문가 집단 또는 위탁업체(주거래 로펌)를 통해 제공될 수 있다. 또한 법률 전문가가 재능기부 형태로 자문 또는 고문 역할을 수행하여 노인 주거공동체 입주민을 위해 서비스를 제공할 수도 있다. 법률자문 서비스는 유산 상속 과정에 필요한 법률 정보 제공, 유언장 작성을 위한 방법 및 공증 절차 안내, 성년후견제도 교육 및 이용 절차 안내 등을 포함한다.

둘째, 금융 자문 지원 서비스는 금융 분야의 디지털 전환에 따른 피해 방지 및 입주민의 자산 관리 설계와 지원에 도움을 제공한다. 전문가 집단 또는 위탁업체(주거래 은행)를 통해 제공될 수 있다. 또한 금융기관 전문가가 재능기부 형태로 자문 또는 고문 역할을 수행할 수도 있다. 이 서비스는 디지털 기반의 금융 거래에 어려움을 겪는 입주민을 위한 교육과 연계, 자산 관리 및 생애 변화에 따른 금융위기 관리 자문 서비스를 포함한다. 금융 자문 지원 서비스는 지인이나 가족에 의한 입주민의 재산 편취 방지를 위한 상담 서비스를 제공하며, 주택연금, 후견지원신탁 등 고령자가 선택할 수 있는 금융상품의 소개와 활용 방법에 대한 안내도 포함된다. 후원 지원 신탁은 인지 상태가 양호한 시점에 금전을 신탁함으로써 재산 관리와 함께 치매 등으로 후견이 필요한 경우 병원비, 간병비, 생활비 등에 대한 비용처리를 맡아 주는 신탁 서비스이다.

〈표 4-9〉 **노인 주거공동체의 전문가 자문 지원 서비스**

구분	내용
법률 자문 지원 서비스	□ 법률 자문 지원 서비스는 입주민의 생애 변화에 따른 법률적 문제 처리를 지원 • 운영방식: 전문가 집단 또는 위탁업체(주거래 로펌)를 통한 서비스 제공 　– 입주민 중 법률 전문가의 재능기부 형태로 자문 또는 고문으로 역할 고려 • 유산 상속 과정에 필요한 법률 정보 제공 및 자문 및 유언장 작성을 위한 방법 및 공증 절차 안내 • 성년후견제도 교육 및 이용절차 안내
금융 자문 지원 서비스	□ 금융 자문 지원 서비스는 금융 분야의 디지털 전환에 따른 피해 방지 및 입주민 욕구에 맞는 자산관리 설계 및 지원 • 운영방식: 전문가 집단 또는 위탁업체(주거래 은행)를 통한 서비스 제공 　– 입주민 중 금융기관 전문가의 재능기부 형태로 자문 또는 고문으로 역할 고려 • 디지털 기반의 금융거래가 어려운 입주민을 위한 금융거래 방법 교육 및 연계하고 자산관리와 생애 변화에 따른 금융위기 관리 자문 서비스 제공 　– 지인이나 가족에 의한 재산 편취를 막을 수 있는 상담 서비스 제공 • 주택연금, 후견지원신탁 등 고령자가 선택할 수 있는 금융상품 소개 및 활용 방법 안내 　– 후원 지원 신탁: 인지 상태가 양호할 때 금전을 신탁하면 재산 관리와 함께 치매 등으로 후견이 필요한 경우 병원비, 간병비, 생활비 등에 대해 비용처리를 맡아 주는 신탁

(2) 공동생활 지원 서비스

노인 주거공동체의 공동생활 지원 서비스는 노인 주거공동체 내에서 입주민간 공동생활을 지원하는 '① 공동체 활성화 지원 서비스'와 입주민이 주거공동체 안에서 함께 참여하는 '② 취미·여가생활 지원 서비스'를 포함한다.

공동생활 지원 서비스는 입주민들이 노인 주거공동체 내부에서 생활하면서 입주자 간 상호작용과 소통, 그리고 입주민 개인의 '삶의 질 향상'을 위해 필요한 공동체 내부 활동을 지원하는 것을 목표로 하고 있다. 취미·여가생활 지원 서비스는 입주민들이 주거공동체 내부에서 입주민들과 함께 참여하여 공동체의식을 고취할 수 있는 취미 및 여가활동을 지원하는 서비스이다. 입주민들이 함께 문화, 여가, 교육, 동아리 활동 등에 참여하면서 서로를 알아가고 함께 어울릴 수 있는 기회를 제공해 줄 것이다.

공동생활 지원 서비스를 위해서는 우선적으로 입주민들의 초기 상담을 통한 욕구 사정(needs assessments)을 실시한 후 각 입주민들이 원하는 공동생활 지원 서비스 및 취미·여가생활 서비스를 매칭하여 개인 맞춤형 지원 서비스를 제공한다. 이 서비스는 노인 주거공동체 코디네이터를 중심으로 이루어진다. 공동생활 지원 서비스의 구체적 내용은 다음과 같다.

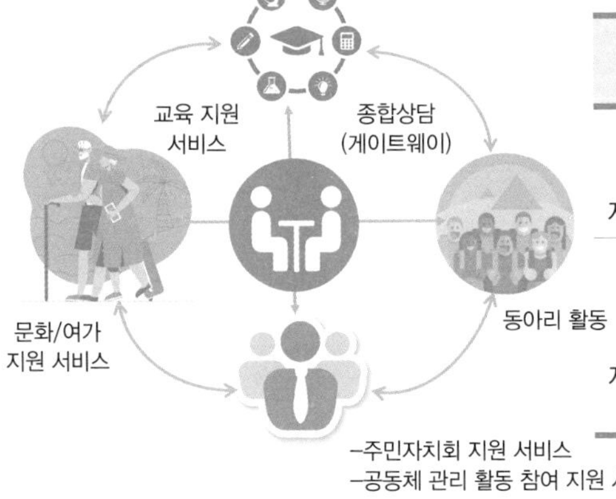

공동생활 지원 서비스 구분		필수 여부
공동체 활성화 지원 서비스	주민자치회 지원 서비스	필수
	공동체 관리 활동 참여 지원 서비스	선택
취미·여가생활 지원 서비스	문화/여가 지원 서비스	선택
	교육 지원 서비스	
	동아리 활동 지원 서비스	

[그림 4-8] **공동생활 지원 서비스 운영 체계 및 내용**

① 공동체 활성화 지원 서비스

공동체 활성화 지원 서비스는 입주민들이 노인 주거공동체 내에서 이웃과 함께 협력하고 공유하여 '노후 삶의 질' 향상을 도모하기 위한 자발적 활동을 지원하는 서비스이다. 공동체 활성화 지원 서비스는 주민자치회 지원 서비스와 공동체 관리활동 지원 서비스로 구분된다.

주민자치회 지원 서비스는 입주민 스스로 시니어주거 내에서 주민자치회를 운영할 수 있도록 지원해 주는 서비스로 입주민의 소속감 증진 및 생활만족도 향상을 목적으로 하고 있다. 주민자치회 지원 서비스는 주민자치회 구성과 회의 일정 공고, 장소 대여, 유인물 작성 및 배포 등 운영과정에 대한 지원을 포함한다. '공동체 관리 활동 참여 지원 서비스'는 입주민의 노인 주거공동체 운영 활동 참여를 통해 노인 주거공동체에 대한 충성도를 높이고 사회적 기여 활동을 통해 입주민의 자기 효능감을 고취시키는 것을 목적으로 두고 있다. 노인 주거공동체에서 개발한 운영 프로그램에 입주민들이 급여를 받고 활용할 수 있는 방법이 도입될 수 있다. 예를 들면, 법률상담, 노인 주거공동체의 식사 준비나 방범활동, 또는 세대 방문 안부 확인 등의 일자리에 입주민이 참여할 수 있다.

⟨표 4-10⟩ **공동체 관리 활동 참여 지원 서비스(예시)**

구분	내용
전문영역	법률, 금융, 세무, 의료, 간호
일상생활 보조 영역	취사 보조, 배식 보조, 도시락 배달, 공용공간 청소, 게시판 관리, 세탁 보조, 세차, 세대 청소
돌봄 영역	말벗, 세대 방문 안부 확인, 동아리 활동 보조, 이동 보조, 산책 도우미
기타	세대 택배 서비스

급여 지급 형태와 액수는 주민자치회와 협의하여 결정하며, 급여 지급 형태는 서비스료로 사용 가능한 마일리지, 현금 또는 자원봉사 의미를 내포한 소정의 대안화폐(주거공동체에서만 사용 가능한 화폐) 액수로 지급될 수 있다.

사례: 입주민의 공동체 활동 참여 독려를 위한 대안화폐 운영

- 노인 주거공동체 관리 활동에 참여하는 입주자들에게 인센티브를 제공하기 위해 공동체 내부에서만 사용하는 대안화폐를 제작 운영
- 대안화폐는 포인트, 디지털 화폐, 또는 자체 제작한 쿠폰 등의 형태로 다양하게 운영될 수 있음.
- 대안화폐 운영은 입주민들의 자발적 참여를 독려하여 공동체 관리 활동의 적극적 참여를 증진시킬 뿐만 아니라, 입주민들 간의 상호 돌봄 및 공동체 의식 고취 등 긍정적 효과를 가져올 수 있음.

〈일본 탄포포 주간보호센터에서 사용하는 대안화폐 Seed〉

출처: 일본 탄포포 주간보호센터 홈페이지(sites.google.com/view/onsenshisetu)

운영 참여에 대한 매뉴얼과 관리 운영 규칙은 노인 주거공동체 운영진이 개발하고 활동에 참여하는 입주민에게 교육되며, 업무 프로토콜, 문제 발생 시 처리 방안, 참여 기간 주기, 급여 관련 사항, 업무 가능한 입주민 조건 등이 포함된다.

② 취미·여가생활 지원 서비스

취미·여가생활 지원 서비스는 문화/여가 서비스, 교육 서비스, 동아리 활동 서비스의 지원을 의미한다. 문화/여가 서비스는 입주민들의 노인 주거공동체에서 함께 활동하는 스포츠, 관광, 예술 및 문화 등, 교육 서비스는 입주민들의 인생 재설계를 위한 인문학 교육, 취·창업 교육, 미술 및 예술 교육 등이며 동아리 활동 서비스는 입주민의 자발적 취미 및 관심사 공동체로 독서동아리, 연극동아리 등 다양한 동아리 활동 등을 포함한다.

• 문화/여가 서비스

문화/여가 서비스의 목적은 입주민의 다양한 활동을 통해 즐거움, 외로움 해소, 사회적 관계 구축, 건강증진을 도모하는 데 있다. 즉, 노인 주거공동체 운영진들은 입주민들이 주민자치회를 통해 선택한 문화 및 여가프로그램의 원활한 진행을 지원한다. 입주민이 소규모여서 동시간대 다양한 프로그램을 실시하기 어렵기 때문에 노인 주거공동체 운영진은 주민자치회의에서 결정한 프로그램의 효과적 운영을 주민자치회와 소통하며 전반적으로 지원한다. 예를 들어 입주민들이 자신의 노후준비를 위한 내면 힐링 프로그램을 원하거나 지역살이 힐링 특강 등을 원하는 경우 강사 소개, 시간 및 장소 조율 등의 행정적 지원 서비스를 제공한다.

문화/여가 서비스는 스포츠, 관광, 예술 및 문화, 출판물 관련 활동, 디지털 교육 등 다양하며, 입주민의 욕구와 필요에 따라 맞춤형으로 노인 주거공동체 내부에서 제공될 수 있다.

〈표 4-11〉 문화/여가 서비스의 예시

구분	내용
스포츠	스포츠 활동, 관람
관광	음식 여행, 체험 여행, 종교 순례 여행, 크루즈 여행
예술 및 문화	공연 관람, 공예 체험, 음악 · 미술 · 무용 활동
출판물 관련 활동	창작 활동 지원
디지털 교육	유튜브 창작 활동 지원, SNS 활동 지원
기타	원예, 종교 활동

[그림 4-9] **활동적 고령층의 문화여가생활 프로그램 사례(경기 베이비부머 행복캠퍼스)**
출처: 경기 베이비부머 행복캠퍼스

• 교육 서비스

교육 서비스는 입주민이 원하는 특정한 분야의 역량 강화를 위해 교육을 지원하는 서비스를 의미한다. 교육 서비스는 건강증진, 인문학, 예술 및 문화, 취업, 디지털 등 다양한 분야로 구분될 수 있으며, 각 분야별로 다양한 프로그램들이 존재할 수 있다.

〈표 4-12〉 **교육 서비스 프로그램의 예시**

구분	내용
건강증진 분야	명상, 단전호흡, 스포츠 댄스
인문학 분야	철학, 역사, 종교, 문학
예술 및 문화 분야	음악, 미술, 사진촬영, 사군자, 서예
취업 영역	수지침, 테이핑요법, 낭독전문가과정, 치매 및 노인건강전문가과정, 향기요법사, 티소믈리에, 바리스타, 제빵사, 정원관리사, 숲해설사, 문화해설사, 한국어강사
디지털 분야	동영상 편집, 유튜브 관리, SNS 활용, 인공지능 활용, 3D 프린팅
기타	뜨개질, 퀼트, 각종 공예

최근에는 활동적 노년을 추구하는 고령층이 증가하면서 교육서비스는 단순 교육수강 기회 제공에 머무는 것이 아니라, 배운 지식을 통해 지역사회공헌활동, 취업 또는 여가활동 등과의 유기적 연계를 도모하는 '활용 가능한 교육' 지원으로 확장되고 있다. 예를 들면, 동영상 편집 관련 교육을 수강한 교육생들이 자신의 역량 향상을 통해 '디지털 마케팅'이라는 취업분야로 진출할 수도 있다. 또한 수지침 교육을 받아 자격증을 취득한 고령층이 자신의 능력을 활용해 지역 내 주간보호센터 고령자를 위한 수지침 자원봉사활동에 참여할 수도 있다.

사례: 활용 가능한 교육 프로그램의 확장

▫ [치매예방 지도사 교육] 경기 베이비부머 행복캠퍼스에 참여하는 50~68세 참여자들은 치매예방지도사 교육을 통해 건강한 노후준비 및 치매예방에 대한 실천방법들을 알게 됨.

• 교육 수료 후 참여한 교육생 중 일부가 자신의 치매예방 지식을 가지고 지역사회 봉사하기 위해 치매예방 스카우트라는 동아리를 결성하여 지역 내 주간보호센터에 자원봉사활동으로 연계함.

ㅁ[캘리그라피 교육] 글씨를 통해 자신의 감정을 표현하고 작품을 만드는 캘리그라피 교육 수강생들이 지역사회 병원 봉사활동으로 자신의 재능을 연계함

• 캘리그라피 교육을 받은 수강생들이 자신의 재능과 능력을 활용해 지역사회 봉사에 대한 욕구를 경기 베이비부머 행복캠퍼스 운영진에게 표현하고, 경기 베이비부머 행복캠퍼스 운영진은 지역사회에 위치한 용인세브란스병원의 사회복지팀과 연계해 병원내 어린이 환우들을 위한 좋은 글씨 기부 행사를 실시함

자료: 경기 베이비부머 행복캠퍼스

• 동아리 활동 서비스

입주민을 위한 동아리 활동 서비스는 입주민의 동아리 활동을 통한 입주민 간의 사회적 관계 형성, 노인 주거공동체 소속감 증진, 외로움 감소 등을 목적으로 진행하고 있다. 동아리 활동은 입주민자치회의 요구에 따라 일정한 참여자(5명 정도)가 결성할 수 있고, 정식으로 등록된 동아리 회원들은 규칙적인 운영 조건을 만족시키는 경우 장소 대여 및 운영비 지원 등 동아리 활동 지원 서비스를 받을 수 있다. 동아리 활동 지원 조건은 노인 주거공동체 운영진과 입주민 자치회가 함께 입주민들의 특성에 따라 만들 수 있다. 예를 들면 경기 베이비부머 행복캠퍼스와 같이 구성원이 최소 5명이고 50% 이상이 경기도 베이비부머인 경우에는 1학기당 (3~6월) 50만 원의 활동비와 모임 장소를 지원한다.

┌───┐

사례: 경기 베이비부머 행복캠퍼스의 동아리활동 지원

▫ 지원조건
 • 구성원의 50% 이상이 베이비부머 경기도민(대표자: 베이비부머 경기도민)
 • 5인 이상으로 구성되어 있으며, 월 2회 이상 활동이 가능한 동아리
▫ 지원대상
 • 교육과정 종료 후 동기들과 관련 활동을 지속하기 위한 동아리
 • 지역사회에서 사회적 역할을 위한 사회공헌 활동을 계획하는 동아리
 • 세대 간 격차를 해소하고 협업을 위한 소통을 계획하는 동아리
 • 학습, 경력 개발, 창업 · 창작을 위한 역량개발, 문화 · 예술 분야 활동 등 각 분야에서 활동을 계획하는 동아리
▫ 지원내용: 선정된 커뮤니티(동아리) 한 해 50만 원(학기당) 활동비가 지원되며, 동아리모임을 위한 공간을 제공

└───┘

동아리 활동은 단순히 입주민들만의 친목도모와 활동뿐만 아니라, 지역사회 구성원들과 함께 하는 지역사회 문제를 해결하는 지역기반 자원봉사활동, 해외 시니어와 함께 글로벌 아동빈곤문제를 해결하는 해외 자원봉사활동, 사회적 경제 기반의 시니어 취 · 창업 클럽 등으로 확대될 수 있다. 입주민들 간의 특성과 욕구 기반으로 동아리 활동이 자발적으로 운영되기 위해서는 노인 주거공동체 운영진의 역량과 지원 인프라가 필수적이다.

(3) 지역사회 활동 연계서비스

2020년부터 1차 베이비부머 세대(1955~1963년생)가 65세에 도달하고 2030년에는 75세에 도달하게 되면서 노인 주거공동체 입주민들 중 베이비부머 세대 비중도 점차 확대될 전망이다. 따라서 노인 주거공동체도 베이비부머 세대의 특징 중의 하나인 지역사회 내 적극적 참여, 세대 단절이 아닌 세대통합적 활동 선호에 부응하는 것이 필요하다. 이를 위해 시니어 중심의 주거공동체를

뛰어넘어 지역사회 속의 주거공동체로 노인 주거공동체의 정체성을 확장해 나가야 하기 때문에 지역사회 활동 연계 서비스의 중요성은 확대될 전망이다.

지역사회 활동 연계 서비스는 노인 주거공동체 입주민들이 지역사회의 활동에 참여할 수 있도록 연계하여, 활동적 사회활동 참여를 촉진하는 것을 목표로 하고 있다. 앞에서 언급한 공동생활 지원 서비스는 시니어 주거 내부에서 입주민의 공동체 활동을 지원하기 위한 서비스였다면, 지역사회 활동 연계 서비스는 지역 내 기업, 민간단체, 공동단체 등이 제공하는 지역기반 서비스들과 네트워크를 통해 노인 주거공동체가 중간지원 기관 역할을 수행함을 의미한다.

〈표 4-13〉 **지역사회 활동 연계 서비스**

서비스 분류		선택사항	서비스 운영 방식
취업 및 창업 지원	사회적기업 창업 지원	선택	주민자치 운영진의 지원·연계 노인 주거공동체 지원 및 지역사회 관련 서비스 제공 전문기관과의 연계
	디지털(DX)기반 취창업 지원		
	SW활용 지원 서비스		
	사무실 및 사무기기 임대		
	공공일자리 연계 지원 서비스		
자원봉사 활동 지원	국내 자원봉사 활동 지원 서비스		
	해외 자원봉사 활동 지원 서비스		
취미·여가 활동 연계 지원	문화/여가 지원 서비스		
	교육 지원 서비스		
	동아리 활동 지원 서비스		

특히 노인 주거공동체가 소규모로 운영되기 때문에 공동체 자체적인 활동 서비스로는 다양한 입주민들의 욕구를 충족시키는 데 한계가 있다. 따라서 노인 주거공동체의 지역사회 활동 연계서비스는 입주민들의 생활만족도를 증진시킬 뿐만 아니라 지역사회 내 입주민들의 소속감 강화 및 역할 확대에도 도움을 줄 것으로 기대된다.

국내 시니어전문 취업업체인 '에버영코리아'는 5060 중장년을 대상으로 디지털 교육을 제공하여 네이버 지도 블러링, 네이버 쇼핑 모니터링, 네이버 참고문헌 DB구축사업에 참여시키고 있는데, 이런 기업과 협업을 통해 출퇴근이 가능한 노인 주거공동체의 모형을 만들 수 있을 것이다.

사례: 시니어계의 삼성이라고 불리는 에버영(everyoung)코리아

▫ 에버영코리아는 2013년 11월 7일 설립된 시니어전문 IT기업으로, 시니어 고용의 새로운 시장 확대, 시니어의 사회적 역할을 확산시키는 데 기여하고 있음.
▫ 2023년 현재 서울시 종로구에 본사를 두고 있고, 직원 평균 나이는 64.9세이며 직원은 총 280명, 평균 근속연수는 6년 2개월로 직원들의 만족도가 높음.

출처: 에버영코리아 홈페이지(everyoungkorea.com)

이외에도 지역사회 내 교육기관, 자원봉사기관들과 협력하여 입주민들의 취·창업지원, 국내 지역 자원봉사 활동 개발, 해외 자원봉사 활동을 연계할 수 있다. 예를 들면, 노인 주거공동체가 위치하고 있는 지역 내 대학의 인공지능학과, 컴퓨터모바일융합과, 웹툰일러스트학과, 시각정보디자인학과, 사회복지학과, 건축인테리어학과 등과 노인 주거공동체와 세대통합형 지역사회 활동 연계서비스 협력이 가능하다.

  또한 취미·여가 활동으로 노인 주거공동체와 차로 근거리에 있는 지역 내 '국민체육센터' 및 '평생학습관' 활용이 가능하다. 이곳은 다양한 생활체육 활동을 제공하고 있다. 노인 주거공동체와 근거리에 위치해 있어 성인들을 위한 다양한 생활체육(배드민턴, 탁구, 축구, 음악줄넘기, 농구, 배구 등)을 제공하고 있어 입주민들이 취미·여가 활동에 참여할 수 있다.

3) 노인 주거공동체 특화 서비스 개발

  노인 주거공동체만이 가지고 있는 특화 서비스는 (1) 입주민 욕구 기반 서비스, (2) 운영기관 연계 특화 서비스, (3) 디지털 기반 서비스, (4) 리빙랩기반 서비스를 기준으로 개발된다. 각 세부 특화 서비스 모델은 다음과 같다.

(1) 입주민 욕구 기반 서비스

  잠재 입주민 또는 예상 입주민들을 대상으로 설문이나 인터뷰 등을 통해 파악한 노인 주거공동체에서 필요하다고 생각하는 서비스를 바탕으로 노인 주거공동체의 특화 서비스를 개발하는 것이 필요하다. 입주민들의 욕구 기반 서비스 개발 사례를 분석하기 위해 가상의 비영리기관에서 실시한 설문조사 결과 사례를 활용하고자 한다. 이 가상의 결과 사례는 일반적으로 많은 노인 주거공동체 입주민이 요구할 것으로 예상되는 웰니스(건강, 의료)욕구, 교통지원 욕구, 그리고 공동체 활동지원 욕구를 중심으로 살펴보고자 한다.

① 맞춤형 웰니스(건강, 의료) 서비스

  웰니스(건강, 의료) 서비스는 노인 주거공동체에 입주민들의 건강 상태를 평가하여 제공하는 '입주자 맞춤형 서비스'를 의미한다. 노인 주거공동체 조직 자문단 산하에 '웰니스 본부(가칭)'를 설치하여, 간호사에 의해 평가된 입주민의 건강 상태에 따라 입주민들을 건강군, 건강 관리군, 질환군으로 분리하여 웰니스 서비스를 총괄 운영하고 제공한다. 웰니스 본부는 단순히 신체적 건강만을 평가하고 관리하는 것이 아니라, 입주민의 정서적, 사회적 건강에 대해 평가하고 관리한다.

웰니스 본부는 입주민의 혈압, 체지방, 기초대사량, 혈당, 우울증, 정서 및 사회적 관계 등의 진단 결과에 따라 건강 유지 및 증진활동이 필요한 경우 '건강군'으로 분류하고, 음주 및 흡연, 과식, 외로움 등 잘못된 생활습관과 위험인자가 발견되면 '건강주의군'으로 분류하여 입주민 스스로 건강을 관리할 수 있도록 도움을 제공해 주는 역할을 한다. 또한 진단 결과 질병이 발견되면 '질환군'으로 분류하여 의료기관과 연계하여 질환 치료를 받을 수 있도록 연계하고, 동시에 건강 관리 서비스를 제공한다. 노인 주거공동체 입주민들이 초기에는 활동적이고 돌봄 욕구가 상대적으로 적은 건강 상태이지만, 장기적으로 돌봄 욕구가 증가하여 방문간호, 방문요양 등의 장기요양 재가서비스 또는 기타 생활 지원 서비스가 필요한 경우에는 '장기요양·생활지원 필요군'으로 분류할 수 있다.

건강위험도 평가는 웰니스 본부의 건강 상태 평가 자료를 바탕으로 '시니어 주거공동체 자문단(가칭)'에서 최종 결정한다. 노인 주거공동체가 제공하는 건강 관리 서비스 영역은 건강유지 및 증진활동을 지원하는 부분과 생활 습관 개선 지원 부분으로 나뉘어 서비스를 제공한다. 의료 서비스 영역과 돌봄 서비스 영역은 웰니스 본부가 외부 의료기관 및 돌봄서비스 제공기관들과 협력하여 입주민을 위한 질환 치료 지원, 장기요양 및 생활 지원 서비스를 연계할 수 있다.

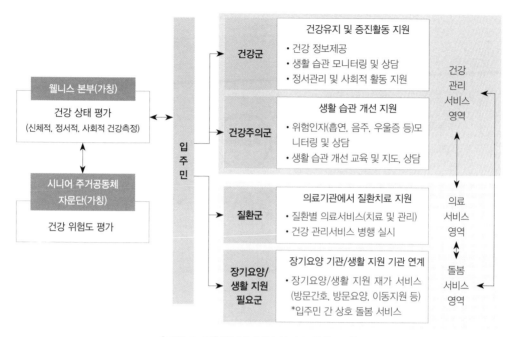

[그림 4-10] **웰니스 본부 서비스 운영 모델**

　노인 주거공동체는 웰니스 본부를 중심으로 비의료적 기반의 '사회적 처방 (Social Prescribing)'을 링크워커(link worker)를 통해 입주민에게 제공한다. 링크워커는 지역사회 자원을 이용하여 의료적 서비스가 해결할 수 없는 입주민의 정서적, 사회적 건강을 증진시킬 수 있다. 링크워커를 통해 제공되는 사회적 처방은 노인 주거공동체에 입주한 60대 이상의 입주민들이 가지고 있는 일반적이고 개인적인 다양한 변화에 대한 불안감과 욕구들을 해결하는 데 도움을 줄 것으로 기대된다.

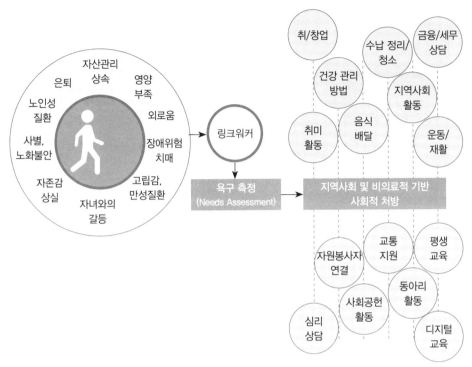

[그림 4-11] **웰니스 본부의 사회적 처방(Social Prescribing) 예시**

마지막으로, 웰니스 본부의 역할 활성화를 위해서는 다음과 같이 광역 및 기초 단위의 지역사회기반 보건의료, 장기요양, 주거 지원, 생활 지원 또는 지역복지 관련 기관과의 네트워크를 확대하는 것이 필요하다.

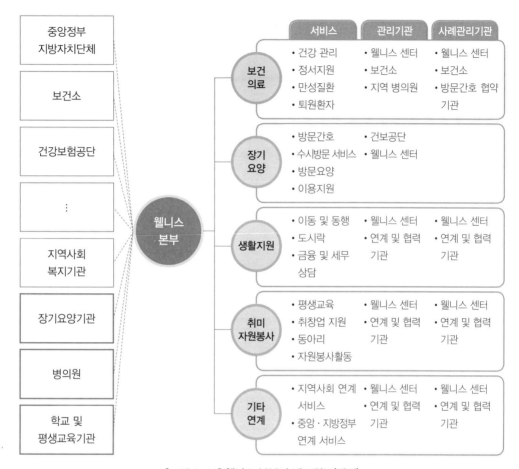

[그림 4-12] **웰니스 본부의 네트워크(예시)**

② 교통 지원 서비스

노인 주거공동체 입주민을 위한 교통 지원 서비스는 이들의 일상생활에서
필요로 하는 교통에 관련된 도움을 제공하는 서비스를 포함한다. 입주민들은
노화로 인해 기능적 능력의 변화나 기타 이유로 스스로 운전이 어려워지는 경
우가 많기 때문에 다른 교통수단을 이용하여 필요한 장소로 이동하는 데 어려
움을 겪을 수 있다. 입주민을 위한 교통 지원 서비스는 입주민들의 독립성과
이동성을 증진시킬 뿐만 아니라, 지역사회를 중심으로 사회 참여를 촉진시키

는 데 중요한 역할을 한다. 교통 지원 서비스는 입주민들이 안전하고 편리하게 이동할 수 있도록 지원할 뿐만 아니라 고립과 외로움, 사회적 참여 부족으로 인한 다양한 문제들을 완화시키는 데 기여할 수 있다. 또한, 교통 지원 서비스는 입주민들이 다양한 교육 및 취미·여가 활동과 서비스에 접근할 수 있는 기회를 제공하여 삶의 질 향상에도 도움을 줄 것으로 기대된다. 따라서 노인 주거공동체는 입주민을 위한 교통 지원 서비스는 다음과 같은 형태로 제공하는 방안을 모색할 수 있다.

- 이동 지원 서비스: 입주민들이 원하는 목적지로 갈 수 있도록 이동을 지원해 주는 서비스를 제공한다. 이는 노인 주거공동체에서 운영하는 셔틀버스를 제공하는 서비스를 포함하여 지역 내 택시 서비스 등과 제휴를 통한 할인 서비스 등을 포함한다. 이러한 서비스는 입주민들이 의료 시설, 상점, 레저 시설 등을 방문할 때 편리하게 이동할 수 있도록 도울 수 있다.
- 운전자 지원 프로그램: 입주민 중 자신의 차량을 운전하는 경우에 지방자치단체와 지역사회 서비스 기관에서 제공하는 고령운전자 훈련 프로그램의 참여를 안내하거나, 지역사회 기관과 함께 자체 고령운전자 안전교육 프로그램을 제공할 수 있다.
- 교통 안내 및 정보 제공: 지역 경찰서와 연계하여 입주민들에게 교통에 관련된 정보와 안내를 제공한다. 이는 새롭게 정착하는 지역 내 교통카드 사용법, 대중교통 노선 정보, 시간표, 주변 교통시설에 대한 정보 등을 포함한다. 이를 통해 입주민들은 필요한 교통수단을 찾고 이용하는 데 도움을 받을 수 있을 것이다.

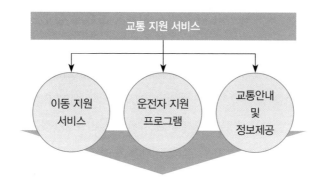

[그림 4-13] **교통 지원 서비스**

③ 공동체 활동 지원 서비스

혼자서 나이 들지 않고 이웃과 의지하고 상호 돌봄할 수 있는 기회를 노인 주거공동체가 제공할 수 있다는 기대는 60세 이상 고령층들이 노인 주거공동체에 입주하는 본질적인 이유 중 하나라고 볼 수 있다. 따라서 공동체 활동 지원 서비스는 노인 주거공동체의 특성을 활용하여 입주민 상호 돌봄(mutual care)을 통해 말벗, 정서적 지원 등을 제공하는 활동 지원 서비스를 포함한다. 이 서비스를 통해 입주민 상호 간 정서적 교류, 우울감 및 소외감 해소, 심리 및 정서적 안정감 등의 긍정적 효과를 볼 것을 기대된다.

입주민 간의 상호 돌봄은 입주민들이 서로 돌봄과 지원을 주고받는 활동을 의미한다. 이는 입주민들이 서로의 필요를 이해하고 상호 간에 도움을 주고 받으면서 사회적 연결성과 노후생활의 가치를 증진시키는 데 기여할 수 있다. 입주민의 상호 돌봄은 여러 가지 형태로 나타날 수 있다. 예를 들어 건강 상태가 좋은 입주민이 건강이 약화된 입주민을 돌보는 경우가 있을 수 있다. 이는 일상적인 생활 지원이나 건강 관리, 심리적인 지원 등을 포함한다. 또한 인터넷이나 스마트폰 등 ICT 기술을 활용하여 정보를 공유하고 서로 교류를 도모하는 것도 상호 돌봄의 형태이다. 입주민은 서로의 경험과 지식을 공유하며 사회적 연결성을 증진시키고, 함께 활동하거나 교류하는 시간을 가질 수 있다. 상호 돌봄은 사회적 연결성 증진을 통해 고립과 외로움을 감소시킬 뿐만 아니라, 입주민의 자립성을 증진시키고 자신감을 강화시키는 데 도움을 준다. 상호 돌봄을 통해 입주민은 상대방을 도와주고 지원함으로써 자신의 가치를 인정받을 수 있기 때문이다. 이외에도 〈표 4-14〉를 통해 노인 주거공동체가 입주자 욕구기반으로 제공할 수 있는 다양한 서비스 사례들을 알 수 있다.

〈표 4-14〉 입주민 욕구 기반 서비스 사례

□ 사회참여를 위한 역량 활성화 프로그램
• 입주민을 포함하여 인생 3막에서 다양한 공동체 활동에 참여하면서 각자 인생의 의미를 찾고 생애 전환의 기회를 모색하고자 하는 자를 대상으로 노인 주거공동체만의 프로그램 운영
  - 통계청 2021년 사회조사에 의하면 65세 이상 일하는 고령자 중 노후를 보내고 싶은 방법은 취미(36.1%)가 가장 높고, 여행·관광(25.4%), 소득 창출(21.3%) 순임.
• 개인의 취미나 관심 활동에 몰입하면서 자연스럽게 전문성이 향상되고, 다양한 아이디어를 접하며 경험·경력 활용 방안이나 창업 아이템을 발견하여 각 입주민들이 자원봉사활동을 포함한 사회참여를 확대할 것으로 기대
  - 사례 1) 시니어모델: 세대를 초월한 아름다움의 가치를 담아냄으로써 노인은 늙고 고루할 것이라는 편견을 깨고 아름답고 활기찬 노인으로 사회적 인식 개선 가능
    ▶ 프로그램 예시 1: (뉴시니어라이프) 초급·중급·고급 세 가지 과정이 있으며 각 교육과정은 총 12주(주1회 3시간씩)로 구성됨. 초급과정은 입문 기초교육과 졸업패션쇼 1회, 중급과정은 심화교육과 졸업패션쇼 1회, 모델 포트폴리오 제작, 고급과정은 교육훈련과 패션모델, 광고모델, 사진모델, TV출연 등 활동 기회가 제공됨.
    ▶ 프로그램 예시 2: (제이엑터스) 입문반, 초급반, 중급반, 전문반으로 구분되며 입문반은 주 1회 2시간씩, 초급·중급·전문반은 주 2회 2시간씩 진행됨. 공통 교육내용은 스트레칭, 자세교정, 워킹, 포즈, 턴, 워킹 테크닉, 소품연출, 헤어메이크업, 코디, 광고미팅, 오디션 훈련으로 구성됨.

[그림 4-14] **시니어모델**

출처: 제이엑터스 홈페이지(www.jactors.kr)

- 사례 2) 음악 프로그램: 노년기에는 노화로 인해 신체적, 사회적 한계가 발생하며 자기 존재에
  대한 관심이 고조되는데, 음악 활동은 노인의 신체적 · 정신적 건강에 긍정적인 효과 증대
  ▶ 프로그램 예시: '나를 있게 하는 우리(나우) 사회적 혁신네트워크'는 질병이나 장애가 있거
    나, 나이가 들어도 안심하고 나답게 살아 갈 수 있다는 메시지를 음악을 활용하여 뮤지컬,
    음반, 합창, 작은 음악회 등으로 전달

나우 뮤직랩

✓ 뮤지컬(뮤직×로컬)
✓ 방–방 프로젝트
✓ 위대한 복식클럽
✓ 알로하하하
✓ 룰루랄라 합창단
✓ 쉼표합창단
✓ 노년반격
✓ 가까이
✓ 나우패밀리콘서트

나우사회혁신랩

✓ 암 경험자 리빙랩 운영
✓ 사용자 중심의 솔루션
  코크리에이션

전환지향활동

✓ hhc 공감워크숍
✓ 지역사회 역량 강화
✓ 시스템전환
✓ 전환지향 비즈니스 모델
✓ 돌봄 솔루션 공동 창출
✓ 돌봄 리빙랩 네트워크
✓ 전환 콜렉티브

[그림 4-15] **나우 네트워크 구성**

출처: 나우(한국에자이) 홈페이지(www.eisaikorea.com/board/now_project/board_list.php)

□ 웰니스(건강 관리) 프로그램
- 노인 주거공동체 입주민들은 시간이 경과하면서 노화로 인한 만성질환뿐만 아니라 치매와 같은 정신적 질환에 직면하게 될 경향이 높기 때문에 건강 관리의 중요성이 더욱 대두되고 있음.
- 따라서 지역사회 자원을 활용하여 정기적인 이벤트 형식으로 예를 들면 월례 행사로 웰니스 데이(Wellness day) 개최를 통해 지역사회의 연계 및 건강을 증진
  - 노인 주거공동체 근처 자연 자원을 활용하여 산림치유, 해양치유 등을 테마로 웰니스 프로그램을 운영
    ▶ 튀르키예에서부터 시작되어 매년 6월 두 번째 토요일에 개최되는 글로벌 웰니스 데이는 국제적인 비영리 캠페인임. '단 하루가 당신의 인생을 바꿀 수 있습니다.'라는 슬로건을 통해 다양한 세대가 함께 어울리는 여러 웰니스 프로그램을 제공함.
    ▶ 2023년 6월 강원도에서 바른몸케어, 힐링 필라테스, 사운드테라피, 싱잉볼, 폼롤링, 밸런스 체어, 아쿠아 줌바 등 오픈 클래스 진행

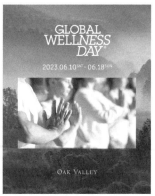

[그림 4-16] **강원도에서 개최한 국제 웰니스 데이 행사**
출처: 한국 글로벌웰니스데이 홈페이지(globalwellnessday.co.kr)

□ 원예 · 치유농업 프로그램
- 노인 주거공동체 내 텃밭 운영을 통해 자연을 통한 소통과 치유를 동시에 이룰 수 있는 프로그램
- 원예 활동은 우울감 및 스트레스 감소, 공감능력 증가의 효과가 나타남. 치유농업 활동은 손자녀와도 함께 참여 가능하고, '고혈압, 당뇨 등과 같은 생활습관성 질환자의 신체적 · 정신적 건강' '주관적 인지기능' '우울감 개선' 등에 긍정적인 효과가 있는 것으로 확인됨.
- '원예 프로그램'으로 노인 주거공동체 내 공기정화 식물을 배치하거나 옥상정원, 실내정원 텃밭 가꾸기 등을 포함.
- '치유농업 프로그램'으로 주말농장(한마음길회, 아파트주말농장, 에덴농원, 그루터기농장, 여러분영농조합), 체험농장(따요딸기농장) 등 지역사회 자원을 활용하여 운영 가능

- 공기정화 식물 예시: 새집증후군 완화 효과 '남천', 화장실 암모니아 가스 제거에 탁월한 '관음죽', 넓은 잎으로 음이온을 많이 내뿜는 '스타티필름', 주방 가스인 일산화탄소 제거에 좋은 '스킨답서스', 실외에서 들어오는 유해 공기를 제거해 주는 '벤자민 고무나무', 천연 습도기 '쉐프렐라', 빛이 부족해도 잘 자라는 '아글라오네마 실버퀸', 집중력을 높여주는 향기 '로즈마리'
- 옥상정원 활용 식물 예시: 채소(상추, 콩, 토마토, 고추, 딸기, 무, 배추, 호박 등), 허브(타임, 레몬밤, 백리향, 애플민트 등), 습지식물(붓꽃, 노루오줌, 바랭이, 방동사니, 부처꽃, 갯버들 등)
- 허브는 목욕재(라벤더, 타임, 레몬밤, 레몬버베나, 검은 페퍼민트 등), 아로마테라피(라벤더, 레몬타임, 레몬밤, 스위트바질, 로만 캐모마일, 스위트 오레가노 등), 샐러드(치커리, 레몬타임, 샐러드버닛, 스피어민트 등), 요리(레몬밤, 레몬타임, 갈릭, 생강민트, 그리스 바질 등)와 같이 필요에 따라 다양하게 활용 가능(농촌진흥청 홈페이지)
- 생활습관성 질환자 대상 치유농업 프로그램은 총 7회(주 1회 4시간씩) 프로그램이 운영되며, 텃밭 가꾸기(텃밭 설계, 씨앗 심기, 모종 심기, 꽃·채소 가꾸기, 콩 수확 등), 영양학 기준의 컬러푸드아트, 건강한 음식 만들기, 농장 주변 산책 등 신체활동 위주로 구성되어 있음.
- 프로그램 참여 후 참여 전보다 긴장 및 스트레스 완화에 효과가 있었으며, 혈압의 수치가 낮아졌고 허리둘레가 감소했다는 효과가 분석됨.

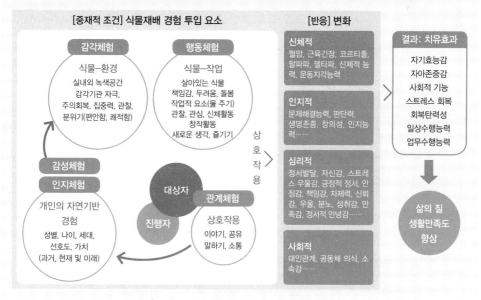

[그림 4-17] 치유농업의 치유 메커니즘

출처: 국립원예특작과학원(2022).

(2) 운영기관 연계 특화 서비스

노인 주거공동체 운영기관이 기존 진행하였던 사업들과 연계하여 노인 주거공동체 서비스를 개발하면 다른 노인 주거시설이 제공하지 못하는 특화된 서비스를 개발할 수 있을 뿐만 아니라 두 사업 간의 시너지효과를 증대시킬 수 있을 것이다. 예를 들어 비영리기관이 이미 운영하고 있는 국내 사업과 국외 사업이 있다면, 지역별 노인 주거공동체 거주자들의 욕구에 맞는 자원봉사활동을 기존 국내외 사업들과 연계하여 특화된 서비스를 개발할 수 있다. 국내외 사회복지사업 등을 운영하는 비영리기관을 예로 들어 운영기관 연계 특화 서비스 개발모델을 제시하고자 한다.

① 국내 사업연계-지역사회 복합문화공간

만약 아동복지증진을 위한 다양한 사업을 진행하고 있는 비영리기관이 노인 주거공동체를 운영하면 입주민들을 위한 운영기관 연계 특화사업을 개발할 수 있다. 노인 주거공동체 입주민들이 기존 비영리기관에서 운영하였던 지역아동센터 등 지역사회기관에서 자원봉사자로 참여할 수 있는 특화 서비스를 개발할 수 있다. 단순히 개인으로서의 자원봉사뿐만 아니라, 노인 주거공동체 입주민들이 동아리를 만들어 뜻이 맞는 입주민들과 함께 '운영기관 연계 자원봉사활동'에 참여할 수 있다. 비영리기관의 주요 대상자였던 아동뿐만 아니라 지역사회 내 돌봄이 필요한 고령자로 자원봉사 대상자를 확대할 수 있어, 연령친화적(Age-friendly) 자원봉사활동으로 대상자 범위를 확장할 수 있다. 또한 노인 주거공동체 일부 공간을 지역사회 주민들과 교류할 수 있는 복합문화공간으로 개방하고, 그 곳에서 새로운 자원봉사자를 모집하고 교육한다면 노인 주거공동체는 단순히 노인만 거주하는 물리적 공간뿐만 아니라 지역사회 주민들이 함께 머무는 사회적 공간으로 기능이 확대될 수 있다.

사례: 주거공간에서 활용 가능한 지역사회 기반 복합문화공간

- 독일 연방청의 다세대주거공동체성은 '자유로운 참여'를 가장 중요한 핵심으로 추구하며, '만남을 위한 공간'을 통해 자발적 이웃관계 유지 및 세대 교류 지향. 이웃관계 형성을 위한 기회와 직업교육, 이민자 가족을 위한 한국어 교육과 직업생활 편입을 위한 연수 등 다양한 프로그램 제공 (황주희 등, 2020)
- 미국 Mather's More Than a Café는 50대 이상의 커뮤니티 활동을 온·오프라인으로 지원하는 카페로, 건강 노화를 지원하기 위해 예술(연극·음악·무용), 교육(강의·코스·북클럽·토론), 휴양(테니스·보트·골프·수영), 종교(연사·설교) 등의 프로그램을 노인과 지역사회에 제공함 (메더라이프웨이즈 홈페이지 www.mather.com)
- 일본의 유우지적(悠友知摘)은 액티브 시니어를 주 고객층으로 하는 지역기반 카페. 유우지적은 우리나라 유유자적과 뜻이 동일. '사귀고, 배우고, 활동하자'가 핵심 개념이며, 지역사회에 공헌할 수 있는 자원봉사활동을 포함한 다양한 프로그램 제공

〈표 4-15〉 **커뮤니티 카페 활동**

연번	활동	내용
1	교류	지역주민이 부담 없이 모일 수 있는 장 제공
2	정보	지역주민이 필요하고 유익한 정보를 수·발신
3	음식	음식을 통해 교류하는 장이며, 지역에서 생산되는 안전한 식재료 사용
4	판매	지역주민의 수공예품이나 생활에 도움되는 것 판매
5	강좌	필요한 것을 배우는 강좌와 생애학습의 장
6	예술	예술작품의 전시, 연주회 등 예술행사 주최
7	살롱	개호보험과 장애인 수첩의 유무와 상관없이 모임장소로 이용(지역 교류의 장)
8	상담	고민이나 곤란한 일을 지역 전문가에게 상담
9	마을 만들기	지역 활성화 등 지역 문제에 대한 이야기를 나누는 장
10	공간대여	강좌나 연주회, 아트 전시, 회의용으로 공간 대여
11	취업훈련	취업이 어려운 사람이 일하거나 훈련하는 장소
12	독서	많은 책이 비치되어 있어 책을 읽거나 독서회 개최

출처: 박혜선(2021).

또한 노인 주거공동체가 기존 비영리기관이 진행했던 국내 아동의 심리정서지원 및 세계시민교육을 노인 주거공동체 입주자와 기존 시니어 봉사단을 대상으로 사람도서관(Human library) 기반 신규 아동지원 프로그램을 개발할 수 있다. 사람도서관 프로젝트는 일반적으로 시니어의 경험과 지식을 젊은 층과 나누는 사업으로 해외에서 시작되어 최근 국내에도 보급되고 있는 사업이다(조찬식, 2014). 사람도서관(Human library) 프로젝트는 덴마크에서 시작되었고 경기도 시흥시에서는 사람책(휴먼북)으로 상설화되어 있다. 2022년에는 시흥사람도서관의 사람책 등록자가 500명을 넘어서면서 시민들의 활발한 참여가 있었다. 사람책으로 참여하는 시니어들은 생산적인 활동을 통해 자기효능감이 향상될 수 있고, 다양한 삶을 살아온 사람책들이 지역주민들과 교류하면서 공동체 형성에도 도움을 줄 수 있다. 따라서 노인 주거공동체 입주민이 사람책으로 등록하여 기러기 아빠에게 반찬 만드는 법을 가르칠 수 있고, 다문화가정 여성을 위한 한국어 교육, 중소기업체 애로사항 상담 등 각자 본인만의 다양한 노하우 공유가 가능하다.

〈표 4-16〉 **지역사회 자원봉사자로서 사람도서관: 휴먼 라이브러리(human library)**

- 덴마크 수도 코펜하겐에 책과 똑같이 사람을 빌려주는 '사람도서관(휴먼 라이브러리, Human Library)'이 주목받고 있음.
- 사람도서관은 사람이 사람을 빌려 그들의 이야기를 듣고 인생을 배울 수 있게 해주는 독특한 도서관
- 사람도서관에서는 사람책(휴먼북)을 선택하고 30분 동안 빌릴 수 있고, 그 시간 동안 대여자들은 그 사람의 이야기를 듣고 그들에게 모든 종류의 질문을 할 수 있음.
- 시흥교육지청과 시흥교육캠퍼스는 학생들이 다양한 직업에 대한 경험과 지식을 배울 수 있는 '학교에서 만나는 사람책' 프로그램을 운영

[그림 4-18] 시흥시에서 운영하는 사람책 프로젝트

출처: 시흥타임즈(www.shtimes.kr/news/article.html?no=26349)

② 해외 연계사업-해외연계 자원봉사 · 일-여가 프로그램

국내 비영리기관들은 국내 사업뿐만 아니라 공적개발원조(Official Development Assistance: ODA)사업 등을 포함하는 다양한 해외 사업도 운영하고 있어, 노인 주거공동체 입주자와 연계한 해외연계 자원봉사와 일-여가를 함께 즐길 수 있는 해외연계사업도 추진할 수 있다. 해외 사업을 주관하는 부서 또는 해외사업팀과 협력하여 노인 주거공동체 입주민들이 해외 자원봉사와 휴가, 일자리를 겸하는 '자원봉사 또는 일-여가 프로그램'을 개발할 수 있다. 사례로 미국의 GoEco의 '50+ volunteering'과 같은 사업을 개발하여 새로운 노인 주거공동체 서비스를 운영할 수 있다. 50대 이상의 자원봉사자를 대상으로 한 '50+ volunteering' 프로젝트는 50대 이상 자원봉사자 홀로 또는 단체(가족 포함 가능)로 참여 가능하다. '50+ volunteering'은 자원봉사와 해외여행을 결합한 프로젝트로 아프리카 야생동물 보호 및 재활 봉사, 남아프리카 공화국 케이프타운 지역사회 개선 자원봉사, 네팔 불교 수도원 승려들에게 영어 가르치는 자원봉사, 크로아티아 해양오염 정화 자원봉사, 이탈리아 라이브보드 돌고래 연구 탐험 자원봉사 등 다양한 자원봉사활동을 제공한다.

┌───┐
사례: 시니어가 참여하는 해외연계 자원봉사 사례, 미국의 GoEco
└───┘

▫ GoEco의 '50+ volunteering' 프로젝트는 50대 이상 자원봉사자가 단독 또는 단체(가
족 포함 가능)로 참여 가능함.

• 일정한 기간 동안 아프리카 야생동물 보호 및 재활 봉사, 남아프리카 공화국 케이프
타운 지역사회 개선 자원봉사 등이 가능함.

• 해외에서 자원봉사도 하고, 새로운 문화를 접할 수 있는 기회를 제공

50+ volunteering

We have several projects that cater to volunteers 50 and over. Travel on your own or with your peers, either way our volunteer projects are an exciting option when considering traveling abroad! These projects happily accommodate mature volunteers by offering non-demanding tasks to match your abilities! No matter what project you choose, you will be contributing your knowledge and skills to a cause you care about. Participate in humanitarian, wildlife or conservation projects located in beautiful places around the world! Click on the projects below for full details!

African Wildlife Orphanage
Zimbabwe

3rd week free between October 1st till December 31st | Volunteer at one of the largest and most successful wildlife sanctuary and rehabilitation centers in Africa! Volunteers on this project work with a range of animals, from monkeys to lions.

Go to Project

[그림 4-19] GoEco의 50+volunterring 프로젝트

출처: GoEco홈페이지(www.goeco.org/tags/50plus)

해외에서 진행하는 '일-여가 프로그램'의 사례로, ㈜상상우리가 2022년 한
달 동안 진행한 '태국 리턴쉽 프로그램'이 있다. 국내에서 퇴직한 중장년을 대
상으로 ㈜상상우리가 태국 사회적 기업과 협업하여 현지 기업과 일과 여가를
함께 병행하는 프로그램이다. 고령층의 개인별 경험과 역량에 맞춰 태국 기업
청년들과 함께 업무를 수행하는 형태로 구성된 프로그램이다. 노인 주거공동
체가 해외연계 특화사업으로 활용 가능하다.

사례: ㈜상상우리의 태국 리턴십 프로그램

□ ㈜상상우리 태국 리턴십 프로그램: 한 달 동안 은퇴한 퇴직자들과 태국 청년기업과
협업하여 현지 기업에서 일을 하면서 여가를 함께 병행하는 사업으로 2022년 10월
3일부터 11월 30일 과정으로 진행

• 한 달 동안 현지 기업에서 일을 하면서 자신의 역량을 펼치고, 현지 여행도 가능함(사
전교육 후 11월 한달 태국 생활).

• 청년기업을 통해 젊은 사람들과 친구가 되면서 더 재미있는 기회도 만들고 기업으로
부터 일의 보상도 받음.

[그림 4-20] 프로그램 포스터와 현지 문화체험 사진

출처: 상상우리홈페이지(http://sangsangwoori.com/)

(3) 디지털 기반 서비스

노인 주거공동체의 디지털 기반 서비스는 사물인터넷(IoT), 빅데이터 및 인
공지능(AI) 등 4차산업혁명 관련 기술들을 활용하여 노인 주거공동체 입주민
들을 위한 위험 발생 예측 및 예방적 서비스를 제공하는 데 목적을 두고 있다.
디지털 기반 서비스는 노인 주거공동체에 거주하는 고령층의 일상생활과 활
동데이터를 실시간으로 수집 · 분석할 수 있어 입주민의 독립적 생활증진과
사회적 소외를 예방하는 데 도움을 제공할 수 있다.

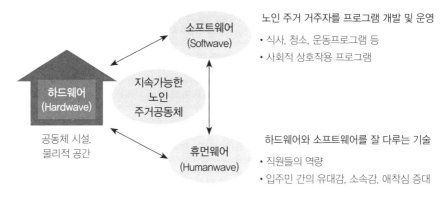

[그림 4-21] 노인 주거공동체의 디지털 기반 서비스 개발 분야

출처: 국토교통부, 국토교통과학기술진흥원 (2019) AI기반 스마트하우징기술개발 (스마트하우징플랫폼 및 주거서비스 기술개발)을 기반으로 저자가 작성함.

노인 주거공동체가 추구하는 방향이 단순한 건물의 개념보다는 입주민들의 정서적 애착을 포함하는 집(home)이면서 동시에 서로 의지하고 성장하는 주거공동체이기 때문에 디지털 기반 서비스 모형도 건물을 포함하는 하드웨어(Hardware), 입주민 간의 상호교류를 추구하는 소프트웨어(software), 입주민 간의 소속감과 애착심을 증진시키는 휴먼웨어(Human ware) 측면에서 개발할 필요가 있나.

① 하드웨어: 디지털 기반 개인 맞춤형 안전 및 건강증진 서비스 제공

노인 주거공동체의 물리적 공간인 하드웨어를 디지털 기반 서비스로 개발하기 위해서는 우선적으로 입주민들의 주거공간 내의 화재, 낙상, 응급상황 발생시 이를 신속하게 노인 주거공동체 운영진과 연계해 주는 정보통신기술(Information and Communications Technology: ICT) 장비 보급이 필요하다.

현재 혼자 사는 독거노인 및 노인맞춤돌봄서비스 대상자들에게 제공되는 정부의 차세대 댁내 장비 시스템을 기반으로 노인 주거공동체에 적합한 하드웨어의 디지털 기반 서비스를 확대할 필요가 있다. 차세대 댁내장비에는 응급호출기, 화재감지기, 활동량 감지기(심박, 호흡), 조도/습도/온도 감지센서, 태블릿 형태의 통신단말장치 등이 있다. 통신단말장치는 노인 주거공동체 운영 진과 연계하여 통화가 가능하고, 자녀와 노인 주기공동체에 거주하는 다른 입 주자들과 통화가 가능한 기능이다.

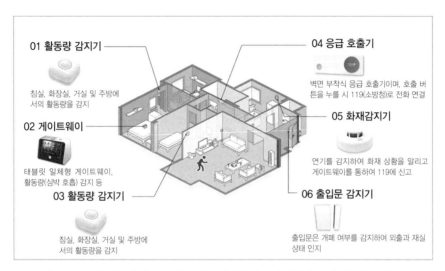

01 활동량 감지기
침실, 화장실, 거실 및 주방에서의 활동량을 감지

02 게이트웨이
태블릿 일체형 게이트웨이. 활동량(심박 호흡) 감지 등

03 활동량 감지기
침실, 화장실, 거실 및 주방에서의 활동량을 감지

04 응급 호출기
벽면 부착식 응급 호출기이며, 호출 버튼을 누를 시 119(소방청)로 전화 연결

05 화재감지기
연기를 감지하여 화재 상황을 알리고 게이트웨이를 통하여 119에 신고

06 출입문 감지기
출입문은 개폐 여부를 감지하여 외출과 재실 상태 인지

[그림 4-22] **정부에서 보급하고 있는 차세대 응급안전서비스 댁내장비 구성도**
출처: 보건복지부(2020. 9. 8.).

각 가구마다 설치되는 응급호출시스템은 1세대인 응급호출버튼에서 2세대 인 움직인 감지센서로 빠르게 확대되고 있고, 최근에는 3세대인 빅데이터 기 반 응급안전예방시스템으로 기술이 개발되고 있다. 1세대인 응급호출버튼은 위급한 상황에 있는 입주민이 버튼을 눌러 신속한 도움을 받을 수 있다는 장점 이 있다. 하지만, 고령층이 응급호출버튼을 누를 수 없는 상태에 있는 경우 위 험에 직면할 수 있다는 단점 때문에 2세대인 움직임 감지센서로 응급호출시스 템은 변화하고 있다. 따라서 노인 주거공동체의 응급호출시스템도 움직임감 지 센서를 활용한 자동응급알람서비스로 확대할 필요가 있다.

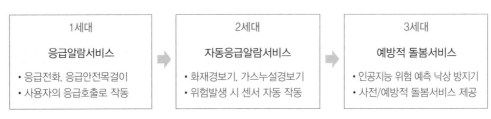

1세대		2세대		3세대
응급알람서비스		자동응급알람서비스		예방적 돌봄서비스
• 응급전화. 응급안전목걸이 • 사용자의 응급호출로 작동	→	• 화재경보기, 가스누설경보기 • 위험발생 시 센서 자동 작동	→	• 인공지능 위험 예측 낙상 방지기 • 사전/예방적 돌봄서비스 제공

[그림 4-23] **응급호출시스템의 변화**

출처: 김정근(2021).

    추가적으로 입주민들의 개인건강 관리 및 예방적 돌봄서비스를 위해 AI 스피커와 웨어러블 디바이스 및 다양한 센서 기반을 통해 개인의 건강 관리를 수행하는 것도 가능하다. 최신 정보통신기술(ICT)을 활용한 AI 스피커, 웨어러블 디바이스와 활동 감지 센서, 도어센서 등을 활용해 입주민이 스스로의 건강 상태를 확인하고 관리하도록 유도할 수 있으며, 노인 주거공동체 운영진이나, 간호사가 입주민의 생활상태를 모니터링하여 건강 상태를 확인할 수도 있다.

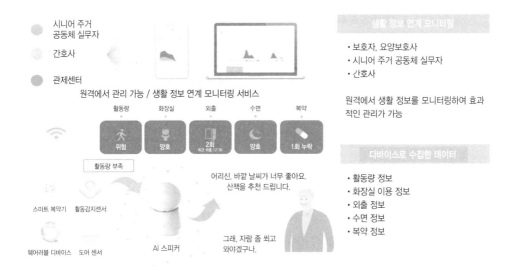

[그림 4-24] **웨어러블 디바이스와 다양한 센서를 활용한 개인건강 관리**

가구 내 안전사고 예방을 위해 집안에 설치된 활동 감지 센서를 활용해 응급 사항을 파악하여 안전사고의 사전방지와 위급사항을 신속히 대처할 수 있다. 댁내 설치된 활동 감지 센서는 활용하여 혼자 생활하는 입주자의 행동을 실시 간으로 파악하고, AI 스피커가 게이트웨이 역할을 하여 낙상 등의 응급상황 발생 시 등록된 노인 주거공동체 실무자, 간호사, 요양보호사 등에게 응급상황을 알려 신속한 처리를 유도할 수 있다.

하지만, 디지털 기반 개인맞춤형·예방중심형 서비스를 위한 하드웨어는 일정 시간 경과 후 정기적 소프트웨어 업그레이드, 또는 고장이나 오작동으로 인한 수리 등이 발생하기 때문에 장기적 유지관리가 가능한 하드웨어를 선정 하는 것이 필요하다.

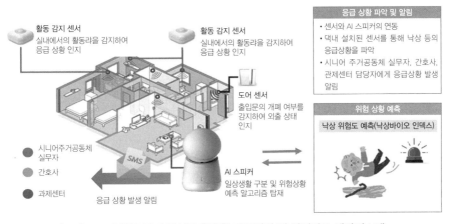

[그림 4-25] **활동 감지 센서를 활용한 거주지역 내 안전사고 예방시스템**

② **소프트웨어: 디지털 기반 개인 욕구 맞춤형 교육 및 취미·여가활동 지원**

노인 주거공동체에서 제공하는 프로그램에서도 디지털 기반 서비스를 추 가하여 입주민들의 디지털 문해력(digital literacy)를 증진시켜 젊은 세대와의 소통 및 사회적 관계 확대, 프로그램의 몰입감 및 효과성도 증대시킬 수 있다. 예를 들면 치매 예방교육 및 인지강화 교육 프로그램에서도 가상현실(Virtual

Reality: VR) 또는 증강현실(Augmented Reality: AR) 디바이스를 사용하여 인지
강화 교육을 진행할 수 있다. 다음 표에서 제시한 것처럼 이미 많은 노인복지
기관에서 IOT 기술을 활용한 인지강화 프로그램을 실시하고 있다.

노인 주거공동체 운영진 중 링크워커(Link work), 서비스 코디네이터(service
coordinator)를 중심으로 디지털 기반 프로그램을 공동체 활동에 도입하여 노
인 주거공동체에서 진행하는 프로그램에 디지털 기반 서비스를 확충해 나갈
수 있을 것이다.

〈표 4-17〉 Iot기술을 활용한 인지강화 프로그램 예

	가상현실(VR)	증강현실(AR)	코딩로봇(오조봇)	AI스피커(기가 지니)
활동 내용	• VR카드보드조립을 통한 뇌와 손의 움직임 활성화 • 가상세계여행으로 다양한 간접 경험(미리 가보는 세계여행 등) • 즐거운 경험으로 인한 우울감 해소	• 손을 움직여 뇌위축 예방 • 색을 선택하고 선을 넘지 않으려는 행동이 집중력 향상 • 마음의 안정을 통한 스트레스 해소	• 로봇(오조봇)을 통한 논리적 문제해결 능력 향상 • 길찾기 코드를 활용한 사고력 및 인지 능력 향상 • 나의 일상 찾아가 보기	• 기가지니 인공지능을 통한 뇌운동서비스
준비물	• 카드보드지 • 스마트폰	• 색연필 • 마커지 • 스마트폰	• 오조봇 • 오조코드 • 마커보드 • 색연필 • 맵	• 스마트폰 • 기가지니스피커
활동 기기				

출처: 유병선 외(2022).

예를 들면 용산구치매안심센터가 KT와 협업하여 지역사회 거주 고령자를 위한 인지 기능 활성화 프로그램을 개발한 사례도 노인 주거공동체의 ICT기반 서비스 개발에 활용될 수 있다. 용산구치매안심센터는 KT와 협업하여 치매 노인 가구에 AI 스피커를 설치하고, 자원봉사자와 연계하여 고령층에게 활용법과 치매예방 교육을 정기적으로 제공하여, 해당 고령층이 AI 스피커로 음악감상, 감성대화, 생활정보, 알람, 노래방, 장보기 등이 가능하도록 하였다.

사례: 디지털 기반 프로그램 개발

□ 정보통신기술(ICT)을 활용한 고령층 인지활동 프로그램 개발
• 기술 사례 1: KT–용산구치매안심센터와 협력
  KT는 용산구 시니어 정보통신기술(ICT) 플랫폼 조성사업의 하나로 용산구치매안심센터에 비대면 인지·재활훈련이 가능한 인공지능 교육장을 개관함. AI 스피커로 음악감상, 감성대화, 생활정보, 알람, 노래방, 장보기 등이 가능하며 특히 'AI 돌봄서비스(스마트케어)'를 시행하여 기가지니를 설치. 치매 어르신 가구 50곳에 서울시도심권50 플러스센터에서 파견한 자원봉사자(50+건강코디네이터)들이 어르신 댁을 방문하여 기가지니 활용법과 치매예방 교육 정기적으로 진행
• 기술 사례 2: How are you 프로젝트
  일본 이와테 대학교에서 모리오카 시 이와테 현의 독거노인의 고독사와 자살 문제 해소에 기여하기 위해 ICT 기기를 활용하여 노인의 안부 확인하는 프로젝트 추진. 사용자가 상담사와 대화를 원하면 ICT기기를 통해 사회복지 상담사와 24시간 연결 가능하며 사용자가 대답이 없으면 사회복지사나 이웃에게 연락하여 사용자의 안전 확인을 위해 방문

T-용산치매안심센터의 협력 프로그램과 이와테 대학교의 ICT활용 디지털 기반 프로그램

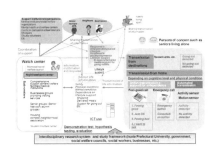

[그림 4-26] 디지털 기반 프로그램 사례

출처: https://www.businesspost.co.kr/BP?command=article_view&num=188194
https://www.jst.go.jp/ristex/korei/en/02project/prj_h22_03.html

③ 휴먼웨어: 플랫폼 기반 공동체 연계시스템 활성화

노인 주거공동체 입주민 간의 소속감과 연대감을 증대시키기 위한 동아리 활동이나 커뮤니티 활동 등이 효율적으로 운영되기 위한 디지털 기반 서비스를 제공할 수 있다. 휴먼웨어를 강화하기 위한 디지털 기반 서비스는 온라인으로 정보와 일정 등을 공유하고, 오프라인에서 함께 활동할 수 있는 방법들이 있다. 예를 들면, 최근 같은 취미를 가지고 있는 50-60대를 플랫폼으로 연결시켜 함께 오프라인 모임을 활성화하는 '시니어 여가플랫폼 오뉴'가 있다. 오뉴는 5060을 위한 콘텐츠 큐레이션 서비스를 플랫폼으로 제공하고 관심있는 시니어들이 모이면 그림, 미식, 여행, 영화, 연기, 전시, 사진, 춤, 클래식, 그림책, 책, 재봉틀 등 12개의 프로그램을 제공해 주고 있다. 또한 2022년 9월에는 서울 삼청동에 '오뉴하우스'를 열었다. 5060세대가 모일 수 있는 오프라인 공간을 만들어 시니어의 고립과 외로움을 해결하고 시니어들의 커뮤니티 활성화를 주도하고 있다. 노인 주거공동체 또는 노인 주거공동체가 속한 지역사회를 중심으로 오뉴와 같은 디지털 기반 플랫폼 공동체를 만들어 관심이나 취미가 같은 시니어들이 소속감을 갖고 함께 활동할 수 있는 기회를 제공할 수 있

> ┌───┐
> ### 사례: 취미가 같은 시니어를 묶어주는 시니어 여가플랫폼 '오뉴'
>
> • 5060 숫자의 오, 육을 이어 발음하는 오뉴, 영어로는 'Oh! New!'라는 중의적 의미를
>   담고 있는 시니어 대상 여가 플랫폼으로 애플리케이션을 운영
> • 매월 온 · 오프라인으로 오뉴를 만나는 시니어는 약 1만 2천 명. 그 중 오프라인 프로
>   그램에 참여하는 이들은 약 5천 명에 이름.
> • 5060을 위해 '더 나은 삶을 위한 1인 1취미 갖기'를 제안하며 시작된 플랫폼으로 시
>   니어들의 연대감을 형성하는 데 기여
> • 삼청동에 있는 '오뉴하우스'는 시니어들의 성지로 함께 행복한 노후를 보내고자 하는
>   시니어들의 모임 장소로 활용
> └───┘

〈오뉴 멤버들 간의 오뉴농장 나들이 모습〉〈삼청동 오뉴하우스에서 진행한 독서모임〉

[그림 4-27] 시니어 여가플랫폼 '오뉴'활동

출처: 브라보마이라이프 (bravo.etoday.co.kr/view/atc_view/14545)

다.

(4) 리빙랩 기반 서비스

최근 인구 고령화로 인해서 중앙 및 지방정부, 사회적 기업, 민간기업들이 고령자를 위한 다양한 제품과 서비스를 만들어 집에서 거주하는 고령자의 삶의 질 향상에 기여하고자 하는 추세이다. 하지만, 개발된 제품이나 서비스가 대상자인 지역사회 거주 고령층에게 검증되지 못하고 있어 현장에 적용되지 못하고 있는 것이 현실이다. 이를 해결하기 위해 많은 기관이 제품과 서비스의

대상자인 지역사회 고령자가 직접 참여하는 리빙랩 기반 제품 및 서비스 개발을 필요로 하고 있다. 따라서 건강하고 활동적 고령층이 거주하는 노인 주거공동체가 리빙랩 역할을 할 수 있다.

〈표 4-18〉 리빙랩(Living Lab)

- 기존 공급자 중심의 기술개발의 한계를 극복하고자 사용자 참여와 현장중심의 리빙랩이 중요한 혁신의 도구로 등장
- 리빙랩은 '우리 마을 실험실' '살아있는 실험실' '일상생활 실험실'이라는 뜻으로, 특정지역의 생활공간을 설정하고 공공-민간-시민 등 다양한 참여자가 함께 협력하여 문제를 해결하는 방식
- 리빙랩은 유럽 국가들을 중심으로 추진하고 개발되어 2006년 최초의 리빙랩 네트워크인 유럽리빙랩네트워크(European Network of Living Labs: ENoLL)가 출범
- 국내에서도 사회 주체(주민, 사용자 등) 주도형 혁신모델이자 지역·현장 기반 형 혁신의 장으로서 리빙랩이 도입·적용되고 있는 추세

출처: 성지은 외(2017).

리빙랩 기반 서비스 모델은 노인 주거공동체를 중심으로 사용자, 민간참여자, 공공기관, R&D 기관들이 함께 모여 지역사회 거주 고령자의 생활편의를 제공하는 서비스 모델이다. 예를 들면 2020년 고령자용 돌봄로봇을 개발했던 ETRI(한국전자통신연구원)가 실험실에 머물렀던 돌봄로봇 테스트를 지역사회에 거주하는 고령자 주택에 설치하여 한 달간 직접 테스트하면서 실제적 도움을 받았었다(김정근, 2021). 60세 이상 고령층이 거주하는 노인 주거공동체가 지역사회에서 리빙랩 역할을 하여 고령화와 관련된 사회 이슈뿐만 아니라, 아동 및 청소년의 문제들에 함께 참여하고 해결하는 지역사회 허브 역할을 하도록 리빙랩 기반 서비스 모델을 개발할 수 있다.

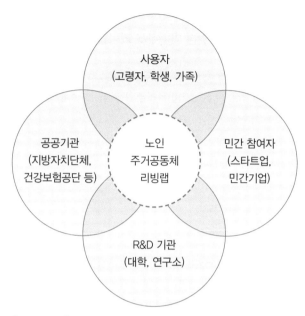

[그림 4-28] **노인 주거공동체 중심의 리빙랩 기반 서비스 모델**

① AIP(Aging in Place) 실현을 위한 노인 주거공동체 리빙랩 체계 구축

지역사회 거주 고령자들의 독립적인 삶을 지원할 수 있는 정보통신기술
(ICT)기반 솔루션 개발과 더불어 기술이 수반되지 않는 혁신형 사회서비스 개
발을 위해 노인 주거공동체의 역할을 확대할 수 있다.

이를 위해 노인 주거공동체가 지역사회 네트워크를 기존의 노인복지 관련
기관뿐만 아니라 지역사회 스타트업, 사회적 경제, 대학, 연구소들과 연계한
노인 주거공동체 리빙랩을 운영한다. 시니어들의 지역사회 거주라는 물리적
공간을 리빙랩으로 활용한다면 고령자의 AIP 실현을 위한 안전지원 및 생활지
원 관련 신규제품 및 서비스 개발에 참여하는 다양한 기관의 협업이 가능하고,
이를 통해 노인 주거공동체 입주민들은 다양한 제품과 서비스를 경험할 기회
가 확대된다. 또한 노인 주거공동체 기반 리빙랩을 운영하면 다양한 연령층이
방문하여 활발한 의사소통과 협력이 이루어지고, 자연스레 입주민들의 활력
이 증가하여 노인 주거의 연령 단절 문제 해결 등 긍정적 측면이 발생한다.

사례: 일본 가마쿠라 리빙랩 운영

- 일본 가마쿠라시는 2016년 '장수사회의 도시 만들기'를 위해 이마이즈미다이會, 요코하마 국립대학, 주식회사 LIXIL, 카마쿠라市가 함께 'NPO 법인타운 지원 가마쿠라 이마이즈미다이회'가 설립
- 2018년 초고령사회 문제의 특성과 해결 방안을 도출하는 리빙랩 활동을 진행하여 지역을 연결하고 활성화시키는 사업을 진행
- 스웨덴과 공동연구를 통해 노인의 자립생활을 위한 도우미 로봇, 자립 노인을 위한 혁신적인 식품 시스템 개발 등 총 4개의 프로젝트 진행

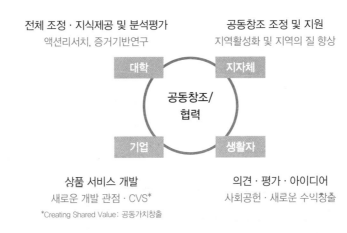

전체 조정 · 지식제공 및 분석평가
액션리서치, 증거기반연구

공동창조 조정 및 지원
지역활성화 및 지역의 질 향상

대학   지자체

공동창조/
협력

기업   생활자

상품 서비스 개발
새로운 개발 관점 · CVS*

의견 · 평가 · 아이디어
사회공헌 · 새로운 수익창출

*Creating Shared Value: 공동가치창출

[그림 4-29] 일본 가마쿠라 리빙랩 참여주체 간 역할
출처: 마에다 노부히로(2018.7).; 성지은, 서정주, 송위진(2020).

---

② 노인 주거공동체 기반 리빙랩을 활용한 혁신 서비스 개발 및 활용

- 프로그램 사례 1: 시니어 취업 교육 및 모델을 위한 앙코르 커리어(Encore Career)

고령자의 삶의 목적에 부합하고 지역사회 역할을 강화할 수 있는 새로운 취업모델 개발을 위한 '시니어 앙코르 커리어'를 통해 리빙랩 기반 노인 주거공동체를 활용할 수 있다. 이를 위해 1단계로 지역사회 민·관·학이 함께 노인

주거공동체 및 지역사회 거주 고령자의 취업을 위한 분야를 개발하여 새로운
일자리를 모형을 개발할 수 있다. 2단계로는 노인 주거공동체 및 지역사회 거
주 고령자 중 일하고자 하는 대상자를 모집하고 실제 취업 기회를 얻도록 노인
주거공동체 기반 리빙랩에서 도움을 제공할 수 있다. 민간의 전통적 일자리뿐
만 아니라 지역대학 및 지방정부와 협업하여 온라인 스마트 스토어, 이모티콘
제작 등 교육을 실시하여 고령자가 진출할 수 있는 새로운 직업군을 개발한다.
예를 들면 이웃의 자녀를 함께 돌보고 육아정보를 나눔으로써 양육 부담을 덜
고 자녀의 사회성 발달을 돕는 돌봄활동도 노인 주거공동체 기반 리빙랩에서
실행할 수 있을 것이다. 3단계에서는 사회참여 또는 일자리 참여가 시니어의
삶에 미치는 영향을 검증하고 이를 데이터화하여 신체적·정신적 기능에 미
치는 영향에 대해 평가한다.

• 프로그램 사례 2: 노쇠 예방 · 돌봄 서비스 모델 개발

노인 주거공동체 기반 시니어 리빙랩을 활용하여 지역사회 노쇠 예방·돌
봄 서비스 모델 개발에 참여함으로써 노인 주거공동체 입주자의 건강수명을
확장시키고 돌봄부담 비용 완화에 활용될 수 있다. 노인 주거공동체 입주민들
을 위한 건강 관리와 돌봄을 충분히 제공하는 데 한계가 있으므로, 시니어리
빙랩을 활용하여 지역사회에 있는 대학교, 비영리기관, 기업 등과 협력을 강
화하여 지역거주 고령층의 건강증진 및 노쇠 예방을 위한 통합적 돌봄서비스
개발 및 모델 제공 등이 가능하다. 일본의 경우 도쿄 노인학 연구소는 지역사
회 기반 리빙랩 역할을 수행하여 지역사회 건강 격차 해소를 위해 지역 자원을
활용하여 지역사회 거주 고령자의 노쇠 예방 종합 시스템을 구축하였다. 노쇠
(frailty)는 건강한 노화를 방해하는 주요인이기 때문에 예방을 위한 노력이 무
엇보다도 중요한 부분이다. 도쿄 노인학 연구소는 지역사회 거주 고령자들에
게 노쇠 예방 강의와 노쇠 상태를 평가할 수 있는 간단한 설문조사를 진행하
여, 노쇠로 진단된 고령자에게 신속한 처방을 제공하고, 지역사회 모임을 통해

노쇠 예방 방법들을 제안하고 실천하도록 도움을 제공하였다.

• 프로그램 사례 3: 고령 친화 제품 및 서비스를 개발

대만의 수안리엔(Suan-Lien) 리빙랩과 같이 노인 주거공동체 기반 시니어리빙랩도 고령자를 위한 고령 친화 제품 및 서비스를 개발하는 데 참여할 수 있다. 대만 Suan-Lien 돌봄센터는 장로교회 지원을 받아 1990년 설립된 기관으로 입주한 고령자들에게 간호, 치매, 정신건강 등의 직접 돌봄 서비스와 커뮤니티, 호텔 서비스 등을 제공하고 있었다. 대만의 저출산 고령화 문제를 해결하기 위해 2009년 사용자(Target User), 산업계(Industry), 학계(Academia) 등 세 주체가 함께 대만 최초의 시니어용품과 서비스 개발에 참여하는 리빙랩을 설립하였다. 노인 주거공동체 입주민들은 리빙랩을 활용해 산업계가 구상하는 고령 친화 제품이나 서비스 개발에 공동으로 참여할 수 있을 것이다.

사례: 대만의 수안리엔(Suan-Lien) 리빙랩

ㅁ 고령층이 많이 사용하는 노인돌봄센터를 기반으로 고령 친하 제품 및 서비스를 개발
• 제품과 서비스를 개발하는 과정에서 사회복지사, 물리치료사 등이 연구진에 포함되어 적합성을 검정하며, 센터에서 노인들이 직접 제품들을 체험하면서 제품의 현장 검증에 참여
• 기업은 제품 및 서비스를 체험한 노인의 의견 및 현장 검증 결과와 더불어 전문가의 자문 내용을 반영하여 사용자 친화적 제품 개발을 진행

[그림 4-30] Suan-Lien 리빙랩의 개발 성과물인 파킨슨병 환자 재활 프로그램
출처: Kang(2012).; 성지은, 박인용(2015).

3. 노인 주거공동체 인력 구성

1) 인력 운영체계

　노인 주거공동체 조직체계는 1호점뿐만 아니라, 지속적으로 다른 지역으로 확장될 가능성을 고려하여 작성하였다. 노인 주거공동체 인력 운영의 합리성과 효율성을 추구하고자 총괄본부는 관리 감독, 교육지원, 서비스 질 평가를 위한 직원 업무 표준 작업 등을 수행하고, 주거시설 현장에서는 적절한 인원에 의한 서비스 제공 실무가 제공될 수 있는 모델을 제시한다. 즉, 총괄본부는 운영의 대외적인 영역, 관리, 감독, 질 평가를 담당하고, 고객 접점의 지역 센터는 실무 구현에 집중하는 체계이다.

　노인 주거공동체 총괄본부는 노인 주거공동체 인력 운영의 합리성과 효율성을 추구하는 서비스 제공의 중앙 기관 역할을 수행한다. 총괄본부는 서비스

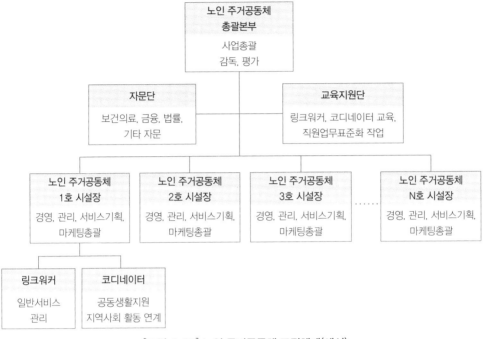

[그림 4-31] **노인 주거공동체 조직체계(예시)**

실무제공기관인 노인 주거공동체에서 운영할 인력계획안을 제안하는 업무를 기획하며, 노인 주거공동체 운영의 내외적인 영역, 관리, 감독, 질 평가를 담당한다. 총괄본부 산하에 자문단과 교육지원단을 마련하여 고객접점 실무자들을 지원하고 관리·감독하는 기능도 수행한다. 따라서, 총괄본부는 노인 주거공동체 사업을 총괄하고 기획 및 지원을 한다. 향후 시설 증설을 위해 선험 시설 운영과정에서 획득한 데이터를 바탕으로 적격한 시설 운영의 모델을 기획한다. 합리적인 인원으로 운영될 노인 주거공동체 실무 센터 현장에서 해결하기 어려운 재무 회계, 세무 처리에 대한 전문적인 지원을 통합관리·운영한다. 구인, 교육, 노무행정 처리와 같은 인력관리 지원을 통해 서비스의 질 향상에 기여하고, 향후 계획된 여러 센터(노인 주거공동체 2호점, 3호점 등) 인력 운영의 표준화를 위한 기초가 될 안을 마련한다. 시설 입주민을 모집하는 과정은 매우 광범위하면서 지속적인 관리가 필요한 부분이다. 총괄본부 인력은 행정

기획 전문가, 경영관리자, 마케팅 전문가, 노무사 등의 전문적 역할을 수행하
게 될 것이다.

총괄본부 산하의 자문단은 노인 주거공동체 실무 현장을 지원한다. 서비스
의 전문성 제고 및 서비스 실무자의 업무 부담 경감을 위해 필요하다. 전문가
영역은 보건의료영역, 금융 및 법률 영역 외에도 운영과정에서 필요한 전문가
집단 혹은 실무 경험자를 영입하여 비상근직 혹은 상근직으로 위촉 운영하도
록 한다. 보건의료전문가는 노인 주거공동체에서 제공해야 할 건강 관리 서비
스 구현을 위해 건강 관리 서비스의 모형을 구축하고, 입주민의 건강 위험도
평가와 필요한 건강 관리 서비스 계획 작성 및 적용을 위한 제반 사항에 대한
방향성을 제시한다. 실무자(링크워커)의 자문을 받아 해법을 제시하며 잠재적
인 건강 문제도 예측하고 예방을 위한 활동도 안내한다. 건강 관리 서비스 실
무 또는 노인대상서비스 경험 간호사, 재활의료센터나 요양병원에서 오랜 경
험을 한 물리치료사나 작업치료사, 요양원이나 요양병원 경력이 있는 영양사
등을 보건 의료 자문 자원으로 활용할 수 있다.

노인 주거공동체 입주민의 인지 및 사회적 대처 능력저하에 따른 금융 및 법
률 자문 또한 현장에서 필요하다. 각 서비스 실무자들의 역량으로 해결이 어
려운 사항들을 분야별 자문단이 도움을 제공하고, 현장 실무자는 필요한 사안
에 대한 상담을 진행한다면 입주민의 노인 주거공동체에 대한 만족도 및 직원
신뢰도는 향상될 것이다. 예를 들면, 유산 상속을 위한 적절한 방법 및 절세 방
법, 노후 생활 안정을 위한 금융 자산 관리 방법, 채무 이행 관련 사항 등이 해
당된다. 금융 관련 문제는 입주민에게 있어 정서적 안정성과 입주 지속에 영향
을 끼칠 수 있기 때문에 적극적 자문과 지지가 필요한 영역이다.

법률적 문제 특히 금융과 관련된 법적 문제, 유산 상속을 위한 유언 절차, 입
주민 인지저하로 인한 자기결정권 결핍과 이를 해결하기 위한 후견인 선임 등
이 상담 문제로 대두된다. 최근 가족 간의 결속력 약화, 노인 1인 가구의 증가,
이혼 및 재혼 노인의 증가 등은 입주민 스스로 금융 및 법률적 문제들을 증대

시키고, 개인적 능력으로 해결 대안을 찾는 데 어려움이 확대되기 때문이다.

또한 입주민들이 노화로 인해 인지 및 수단적 일상생활 능력이 점점 떨어지는 상황에서 입주민의 신뢰를 갖고 지지를 받을 수 있는 노인 주거공동체가 되기 위해서는 신뢰를 줄 수 있는 법률 자문 서비스 제공은 필수 사항이다. 이와 같은 전문 영역을 현장 실무자 혼자 감당하기는 어렵고, 감당하려는 상담을 시작하여도 신뢰를 얻을 수 있는 상담으로 종결하기는 더욱 어렵다. 따라서 현장 실무자를 지원하고 노인 주거공동체의 신뢰성을 증대시키기 위해서는 법률과 금융, 건강 영역의 전문 자문단을 구축하는 것이 바람직하다. 변호사, 금융기관이나 투자자문회사 경력자, 회계사, 세무사, 변호사 등 전문 영역 경험자들을 개별적으로 섭외하여 위촉할 수도 있고, 전문기관과 업무 협약을 맺고 자문을 연계하는 방안도 검토할 수 있다. 또한 각 노인 주거공동체 내부의 웰니스 본부(건강 관리담당 부서)에서 측정한 입주민의 건강 상태(신체적, 정신적, 사회적 건강)를 기반으로 자문단이 건강 위험도를 평가하여 센터가 입주민들에게 맞춤형 서비스를 제공할 수도 있다. 자문단 구성은 노인 주거공동체의 차별화 서비스로 의미가 있다. 기존 실버타운의 서비스 어느 영역에서도 법률 및 금융, 건강 관련 지문을 내세운 곳은 찾아보기 어렵다. 실무자인 링크워커 역량 강화의 한 방법으로도 의미가 크다. 입주민들이 가지는 여러 정서적 고민 중 법률, 금융, 건강과 관련된 문제가 산재하나 링크워커가 쉽게 고민을 해결할 수 있는 영역은 아니다. 따라서 자문단과 실무자(링크워커)간의 협업을 통해 얻은 입주민과의 상담과 문제 해결은 입주민이 노인 주거공동체를 살아야 할 가장 큰 이유가 될 것이다.

교육지원단은 노인 주거공동체의 서비스 질 향상을 위해 구성한다. 향후 다수의 노인 주거공동체를 개발하는 비전에 발맞춰 표준화된 노인 주거공동체 서비스를 개발하고 입주민 욕구와 사회적 요구에 맞는 노인 주거공동체만의 고유한 서비스를 구현하기 위한 연구 및 교육 기관으로서 역할을 맡게 한다. 교육지원단은 서비스 표준안, 실무자 교육 계획 및 교육 내용 구성, 실무 현장에서 발생한 애로사항(또는 민원) 및 입주민 욕구 통합과 분류하고 이를 바탕으로 서비스 개선을 위한 연구, 적절한 서비스 인력 배치에 대한 연구를 맡도록 한다. 이와 같은 업무 수행을 위해 노인 주거공동체 관리자와 노인유료주택 실무 경험이 많은 전문가를 영입한 위원회를 구성하도록 한다.

　교육지원단의 주요 역할 중 하나는 연구 및 실증 자료를 바탕으로 한 실무자 교육이다. 신입사원의 교육, 직원의 보수교육(정례교육으로 전문성 향상을 위한 심화교육) 등을 주관하고 적절히 시행되는지에 대한 관리 · 감독 기능을 한다. 호텔리어 양성을 위한 직원 교육 실시와 이에 따른 서비스 질 향상 교육을 호텔의 마케팅 전략으로 활용하는 것처럼 전문적 노인대상 서비스 교육을 노인 주거공동체 서비스의 차별화 전략으로 활용할 수 있다. 양질의 서비스를 기대하는 입주민의 욕구를 충족시키기 위한 전문적 서비스를 준비한다는 브랜드 이미지 형성에 교육지원단은 큰 역할을 할 것이다. 교육지원단은 서비스 관리 감독 및 평가를 실시한다. 업무 표준 매뉴얼 준용에 대한 평가를 정례 점검 및 비정기적인 순회로 실시한다. 실무자들이 교육받은 내용에 준한 서비스를 제공하고 있는지를 확인한다. 이런 과정을 통해서 실무자들을 평가할뿐만 아니라 적절한 서비스 제공을 위한 교육 기회를 제공할 것으로 기대된다. 교육지원단은 입주민 대상 고객 만족도 조사를 정기적으로 실시하고, 노인 주거공동체가 추가로 확장되었을 때 시설별 평가 결과에 대한 포상을 실시하여 실무진들의 근무의욕을 고취시키는 역할도 수행한다.

　시설장은 총괄본부에서 운영한 자문단, 교육지원단과 유기적인 소통을 담당하며, 각 노인 주거공동체에서 운영하는 서비스 질 향상과 운영상의 문제점 해결의 실무 책임자이다. 시설장은 각 노인 주거공동체 운영 실무자의 최고 관리자로 경영관리 및 분석, 효율적인 인력 관리 및 평가, 입주민 서비스 만족도 향상을 위한 실무자(링크워커와 코디네이터) 업무 지원 및 교육, 입소 상담, 입주민 불만사항 해결 등의 역할을 수행한다. 기존 다른 노인복지주택 경영관리 경험자, 장기요양시설 운영 경험자, 사회복지시설 관리 경험자, 경영관리에 대한 해박한 지식을 가진 자가 시설장으로 적절하다.

〈표 4-19〉 시설장 업무내용

구분	내용
경영 관리	• 적절한 서비스료 산정을 위한 원가 분석 • 인력비 절감 방안 모색 • 외부 자원의 적절한 활용을 위한 기반 구축 • 운영 유지를 위한 회계관리
인력 관리	• 적정 인력 및 직무역량 파악 및 조정 • 직원 간 갈등 해소 • 적절한 직무 배정 및 조정과 지원
서비스 질 관리	• 입주민 고객 만족도 조사 및 욕구 사정을 통한 운영의 방향성 제시와 서비스 개발 • 지역사회의 자원 확보를 통한 서비스 개발과 자원 연계 • 교육지원단의 일원으로 서비스 기획, 직원 교육 활동 참여
행정 지원	• 다양한 서비스를 제공하는 실무자들의 어려운 점을 확인, 본부와 협의 조정 • 기관의 대표로서 지역사회 자원들과 협조 및 공조체계 유지

2) 링크워커 및 서비스 코디네이터 운영

노인 주거공동체의 차별화 전략을 위해 일반서비스 제공자로 링크워커(Link worker)라는 직책을 도입한다. 링크워커(Link worker)는 영국 국가보건서비스(National Health Service: NHS)에서 의료서비스 현장에서 드러난 비의료적인 문제 해결을 위한 서비스 연결자라는 의미로 사용된 용어이다.

링크워커의 역할은 상담을 통해 입주민이 원하는 서비스 내용 및 부족한 역량, 필요한 자원 등을 검토한다. 링크워커는 입주민들의 필요한 욕구를 확인하고 해결을 위한 방법을 모색하여 사회적 처방(Social Prescribing)을 수행하는 전문가이다. 입주민이 가지고 있는 심리사회적 문제 및 가족 상호 잠재되어 있는 요소들을 확인하기 위해 세대 방문이 좋으며, 입주민이 원하지 않거나 다른 요인에 의해 어렵다면 제3의 장소(상담실 또는 카페 등)에서 상담을 수행한다. 필수 검토사항으로 입주민의 건강 상태에 영향을 끼칠 수 있는 사회·경제적 요소들에 대한 확인 및 분석이다. 링크워커의 중요한 역할은 입주민의 신체적·정서적·사회적 건강 증진을 위한 지식 및 방법을 알려주고 입주민 스스로 관리할 수 있도록 격려하고 모니터링하는 일이다. 링크워커는 입주민 스스로 신체, 정서, 사회적 안정감을 증진시킬 수 있도록 지역사회 내 전문기관, 공공기관, 의료기관의 전문가나 치료사를 연결시켜 주거나 이용할 수 있는 정보를 제공한다. 일회성이 아닌 입주민의 문제가 해결되는 시점까지 참여하는 지역사회 자원들(치료사, 전문가 등)과 지속적인 의사소통을 유지하고 관리해야 한다.

링크워커는 60대 이상 고령자가 거주하는 노인 주거공동체의 입주민을 대상으로 업무를 수행하기 때문에 노인 돌봄이나 상담 경험이 있는 간호사, 요양보호사, 작업치료사, 사회복지사와 같은 경험이 요구된다. 노화 건강과 심리·사회적 요소에 대한 이해와 방법들에 대한 지식을 갖추었으며 노인들의 독립적 생활을 돌본 경험이 있다면 더욱 적합하다. 또한 링크워커는 다양한 능력을 소유해야 한다. 뛰어난 경청과 공감능력을 바탕으로 효율적 의사소통 및 입주민과 신뢰관계를 구축할 수 있는 능력이 필요하다. 지역사회 자원에 대한 정보 수집 능력 및 분석 능력을 갖추고, 지역사회 자원과 관련 전문가들과 네트워크를 구축하여 지역사회의 발전을 함께 도모할 수 있는 리더십도 요구된다.

링크워커는 아직까지는 우리나라에 생소한 개념의 전문직이지만, 노인 주거공동체의 성공적 운영을 위해서는 필요한 직책으로 초기 교육을 통한 전문화 및 활성화가 더욱 필요하다. 링크워커를 위한 교육은 노화로 인해 발생하는 건강 변화에 영향을 미치는 다양한 심리적·사회적 요인들에 대한 이해를 바탕으로 입주민의 욕구 파악과 분석을 할 수 있는 역량교육을 중점으로 이루어진다. 사회적 처방에 대한 이해뿐만 아니라 지역사회 자원을 찾아 연계하여 사회적 처방을 실제적으로 수행할 수 있도록 의사소통기술, 사회적 처방 방법에 대한 전문적 · 실천적 지식역량을 키워야 한다.

〈표 4-20〉 **링크워커 교육 내용**

구분	내용
사회적 처방 개요	• 사회적 처방의 목적, 중요성 • 사회적 처방의 대상 • 다양한 전문가와 기관의 기능 및 역할
건강에 영향을 미치는 심리사회적 요인	• 건강에 영향을 미치는 사회적 요인(고용, 주거, 식생활 문화, 교통, 자연환경, 접근성) • 건강에 영향을 끼치는 심리적 상황 • 개인의 건강과 복지의 관계
의사소통 기술	• 입주민과 관계 맺고 신뢰를 형성하는 방법 • 적극적인 경청 방법 • 개방형 및 폐쇄형 질문 등의 의사소통 기술 • 적절한 태도 유지하는 방법(입주민의 독립성을 존중하면서 친절하게 대하는 방법) • 개인정보 보호와 기밀 보장에 관련된 법적 기준
사회적 처방 도구 사용 방법	• 개인 관리 평가 도구 • 지역 지원 계획 개발 방법 • 사회적 처방 진행 상황 평가 방법 • 데이터 수집, 분류, 평가 방법
상담과 평가 수행 능력 향상을 위한 지침	• 입주민과의 상담 및 사정 도구 사용 방법 • 입주민의 욕구에서 의료적 서비스가 필요한 영역을 구분하는 지식 및 방법 • 상담 과정에서 발생 가능한 정서심리적 영역을 해결할 수 있는 방법 • 상담 내용: 사회통계학적 질문, 건강 관련 신체적 활동이나 사회활동 정도, 기본적인 건강 상태, 관심 영역 등
삶의 질 향상을 위한 계획 지원	• 입주민 사정 후 입주민 스스로 삶의 질 향상을 위한 계획 수립을 돕는 방법 • 입주민이 직면하게 될 다양한 제한 사항(비용, 접근성, 대기 시간 등)을 해결하는 방법

지역자원과 연계	• 입주민과 연계할 자원에 대한 정보 및 연계 방법
건강 관리 전문가와 관계 유지 능력 증진 방법	• 의사, 간호사, 물리치료사, 영양사 등 건강 관리 전문가와 관계 유지 및 전문영역 이해 • 정신과적 문제에 대한 이해와 전문치료 과정
입주민 추후 관리 역량 강화 방법	• 사회적 처방 지원 이후 지나치게 링크워커에게 의존하지 않도록 입주민 자기효능감 증진과 자기결정권 행사를 지지하는 방법
사회적 처방 관계자와의 긴밀한 관계 유지 방법	• 사회적 처방 관계자와 정기적 만남과 정보 소통의 중요성과 방법
자기돌봄(self-care) 방법	• 소진을 막을 수 있는 다양한 방법

　링크워커와 함께 노인 주거공동체에서 입주민을 위한 서비스 질을 관리하는 역할을 수행하는 직책은 서비스 코디네이터이다. 코디네이터는 노인 주거공동체에서 진행하는 다양한 서비스와 프로그램들이 효율적으로 운영될 수 있도록 관리하고 점검하는 역할을 하는 전문가로, 입주민들의 요구와 필요에 대한 민감도와 더불어 다양한 서비스를 조정하는 능력도 갖추어야 한다. 노인 주거공동체가 일반 주거와 달리 고령 입주민을 위한 다양한 서비스 개발 및 운

〈표 4-21〉 **링크워커와 서비스 코디네이터의 차이점**

- **링크워커:** 링크워커는 입주민들과의 직접적인 상호작용에 초점을 둔다. 입주민들의 필요와 요구를 파악하고, 입주민들을 필요한 자원과 서비스에 연결시키는 역할을 수행한다. 입주민들의 상황과 욕구에 대한 이해를 바탕으로 개별적인 지원 방법을 찾아내고, 입주민들과의 관계를 유지하며 상담과 지원을 제공한다.
- **서비스 코디네이터:** 서비스 코디네이터는 노인 주거공동체 내에서 다양한 서비스를 조정하고 관리하는 역할에 초점을 둔다. 입주민들의 요구와 필요를 파악하여 입주민들에게 필요한 서비스를 선택하고 조정하며, 서비스 제공자와 입주민의 연결을 원활하게 조율한다. 또한, 입주민들의 서비스 이용 경험을 모니터링하고 피드백을 수집하여 서비스 품질을 개선하고 개선 사항을 조정한다.

영, 효율적 관리 등의 차별성을 극대화하기 위한 코디네이터는 필수적 직책이
다. 따라서 시니어 주거(노인복지주택) 운영 경험이 있고 노년학에 대한 지식이
있는 사회복지사가 업무 수행에 적합하다.

4. 노인 주거공동체 서비스 전달 체계

이 절에서는 자립생활을 주목적으로 하는 노인 주거공동체의 특징과 소규
모 노인복지주택의 특징을 고려하여 '효율적 전달 체계 기반의 서비스' 창출을
위한 다원화된 공급방법을 제시하고자 한다.

노인 주거공동체 제공 서비스는 제공 장소별 (노인 주거공동체 내부 기본 및
선택 서비스, 지역사회 서비스), 제공 방식별(상주형, 외부 위탁형, 연계형)로 구분
된다. 제공 장소는 크게 서비스가 노인 주거공동체 내부에서 제공되는지, 아
니면 외부 지역사회에서 제공되는지로 구분된다. 세부적으로는 노인 주거공
동체 내부에서 제공되는 서비스를 입주민들이 필수적으로 모두 사용하는 기
본 서비스와 입주민들이 원하는 경우에만 사용하는 선택 서비스로 구분한다.
노인 주거공동체 외부 지역사회에서 제공되는 경우 지역사회 서비스로 구분
하고, 지역사회 서비스는 의무 서비스가 아닌 입주민의 필요에 따른 선택 서비
스에 해당된다.

노인 주거공동체 서비스 제공방식에는 노인 주거공동체 운영기관에서 직접
제공·운영하는 '직영형', 외부기관에 위탁하여 제공하는 '위탁형', 그리고 노인
주거공동체 운영 기관이 외부기관과 연계하여 운영하는 '연계형'으로 구분된
다. 또한 노인 주거공동체에서 제공되는 서비스 중 입주자들이 직접 기획, 운
영, 평가 등에 참여하여 운영되는 서비스는 '주민자치형' 서비스로 구분하였다.

〈표 4-22〉 **노인 주거공동체 제공 서비스의 분류기준**

분류기준		내용
서비스 제공 장소	노인 주거공동체 내부 서비스	기본 서비스: 입주민이 필수적으로 사용하는 의무서비스
		선택 서비스: 입주민의 욕구와 필요에 따른 선택 서비스
	노인 주거공동체 외부 서비스 (지역사회 서비스)	노인 주거공동체 외부 지역사회에서 제공되는 서비스로 입주민의 욕구와 필요에 따른 선택 서비스
서비스 제공 및 운영방식	직영형	노인 주거공동체가 직접 서비스를 제공·운영하는 방식
	위탁형	외부기관이 책임을 지고 노인 주거공동체 내부에서 입주민을 위해 서비스를 제공·운영하는 방식
	연계형	외부기관과 연계하여 입주민이 노인 주거공동체 외부 서비스에 참여하도록 하는 방식
주민자치형		노인 주거공동체에서 제공되는 서비스 중 입주자들이 직접 기획, 운영, 평가 등에 참여하여 운영되는 서비스

노인 주거공동체에서 제공하는 서비스는 생활비에 따라 A형(실속형), B형(일반형), C형(고급형)으로 구분하여 노인 주거공동체 운영 기관의 운영 능력 및 입주민들의 생활비 선호에 따른 서비스 전달 체계의 다양성을 제시하고자 한다.

1) 실속형(A형)

실속형(A형)은 입주민들의 욕구와 필요에 따른 서비스의 운영에 있어 비용을 최소화하기 위한 전달 체계 형태이다. 노인 주거공동체 입주자가 지불하는 월 생활비를 약 140만 원(2023년 기준) 정도로 책정하였을 때 제공되는 서비스 전달 체계로, 실속형은 필수 서비스 중 비용을 감소시키기 위해 직영형을 최소화하고, 필수 및 선택 서비스에서도 위탁형을 최대로 확대하는 형태이다.

〈표 4-23〉 노인 주거공동체 서비스 전달체계별 구분 (실속형: A형)

구분	노인 주거공동체 내부 서비스				노인 주거공동체 외부 서비스 (지역사회서비스)
	기본 서비스		선택 서비스		선택 서비스
	직영형	위탁형	직영형	위탁형	연계형
일반 서비스	▶생활편의 제공 1 (시설관리/안부확인/생활상담/응급상황지원, 식사)	▶보건의료 지원 1 (My Health Record/건강 상담)		▶생활편의 제공 2 (주민자치) (일상생활지원-청소,세탁,이동지원)	▶전문가 자문 지원 (법률/금융상담)
				▶보건의료 지원 2 (건강검진, 만성질환 예방 및 관리, 치매예방관리, 진료동행, 돌봄지원)	
공동생활 지원 서비스 (주민자치형)			▶공동체 활성화 지원 (운영, 시설, 식사 준비, 건강 관리 지원)		▶취미·여가생활지원 (문화/여가, 교육,동아리 활동)
지역사회 연계 지원 서비스 (주민 자치형)			▶취업 및 창업 지원 1 (리빙랩, 기술교육/생애전환교육, 사무실 및 사무기기임대, SW활용지원, 공공 일자리연계지원)		▶취업 및 창업 지원 2 (기술교육/생애전환교육, 사무실 및 사무기기임대, SW활용지원, 공공 일자리 연계지원)
			▶자원봉사활동 지원 (리빙랩, 국내/해외 자원봉사)		

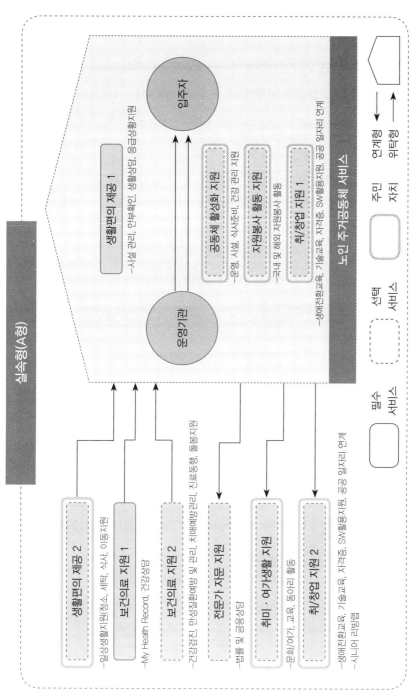

[그림 4-32] 실속형(A형)

2) 기본형(B형)

생활비 B형(기본형)은 입주민들의 욕구와 필요에 따른 서비스의 운영에 있어 입주민의 만족도 향상과 비용 절감 효과를 위해 기본 서비스는 모두 직영형으로 하고, 선택 서비스에서도 보건 의료지원은 직영형으로 전환하는 형태이다. 그 외는 A형(실속형)과 동일하게 운영된다.

생활비 B형(기본형)은 노인 주거공동체 입주자가 지불하는 생활비를 약 150만 원~190만 원 정도로 책정하였을 때 제공되는 서비스 운영 체계이다.

〈표 4-24〉 노인 주거공동체 서비스 전달체계 별 구분 (기본형: B형)

구분	노인 주거공동체				지역사회
	기본 서비스		선택 서비스		선택 서비스
	직영형	위탁형	직영형	위탁형	연계형
일반 서비스	▶생활편의 제공 1 (시설 관리/안부확인/식사/생활상담/응급상황지원) ▶보건의료 지원 1 (My Health Record/건강상담)		▶보건의료 지원 2 (건강검진, 만성질환예방 및 관리, 치매예방관리, 진료동행, 돌봄지원)	▶생활편의 제공 2(주민자치) (일상생활지원-청소,세탁, 이동지원)	▶전문가 자문 지원 (법률/금융상담)
공동생활 지원 서비스 (주민 자치형)			▶공동체 활성화 지원 (운영,시설,식사 준비,건강 관리지원)		▶취미·여가생활 지원 (문화/여가, 교육, 동아리활동)
지역사회 연계지원 서비스 (주민 자치형)			▶취업 및 창업 지원 1 (리빙랩, 기술교육/생애전환교육, 사무실 및 사무기기임대, SW활용지원, 공공 일자리 연계지원)		▶취업 및 창업 지원 2 (기술교육/생애전환교육, 사무실 및 사무기기임대, SW활용지원, 공공 일자리 연계지원) ▶취업 및 창업 지원 2 (기술교육/생애전환교육, 사무실 및 사무기기임대, SW활용지원, 공공 일자리 연계지원)
			▶자원봉사활동 지원 (리빙랩, 국내/해외 자원봉사)		

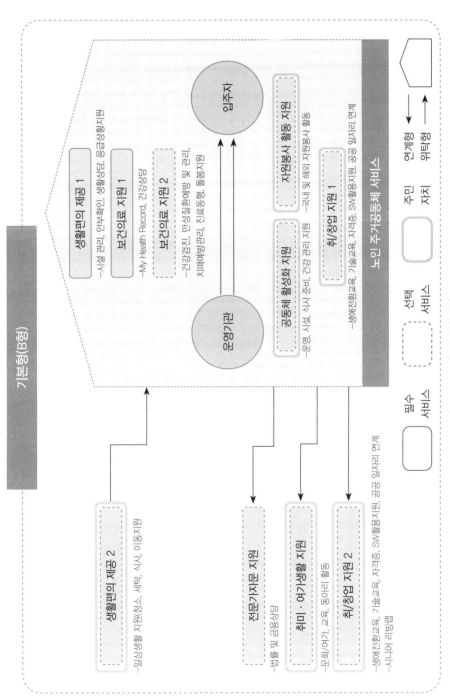

[그림 4-33] 기본형(B형)

3) 고급형(C형)

고급형(C형)은 노인 주거공동체 내에서 제공하는 필수 서비스와 선택 서비스 모두를 직영하는 형태로 운영되며, 지역사회 선택 서비스 중 취미·여가생활 지원 서비스도 직영하는 형태이다. 운영기관이 직접 운영하는 서비스가 확대되면서 운영비가 증가할 수 있어 노인 주거공동체 입주자가 지불하는 생활비를 약 200~250만 원 정도로 책정하였을 때 제공되는 서비스 운영 체계이다.

〈표 4-25〉 노인 주거공동체 서비스 전달 체계별 구분 (고급형: C형)

구분	노인 주거공동체					지역사회
	기본 서비스		선택 서비스			선택 서비스
	직영형	위탁형	직영형	위탁형		연계형
일반 서비스	▶생활편의 제공 1 (시설관리/안부확인/식사/생활상담/응급상황 지원) ▶보건의료 지원 1 (My Health Record/건강상담)		▶보건의료 지원 2 (건강검진, 만성질환예방 및 관리, 치매예방관리, 진료동행, 돌봄지원) ▶생활편의 제공 2(주민자치) (일상생활 지원-청소,세탁,이동지원)			▶전문가 자문 지원 (법률/금융상담)
공동생활 지원 서비스 (주민 자치형)			▶공동체 활성화 지원 (운영, 시설, 식사준비, 건강관리지원) ▶취미·여가 생활 지원 (문화/여가, 교육, 동아리 활동)			
지역사회 연계 지원 서비스 (주민 자치형)			▶취업 및 창업 지원 1 (리빙랩, 기술교육/생애전환교육, 사무실 및 사무기기 임대, SW활용 지원, 공공 일자리 연계 지원) ▶자원봉사활동 지원 (리빙랩,국내/해외 자원봉사)			▶취업 및 창업 지원 2 (기술교육/생애전환교육, 사무실 및 사무기기임대, SW활용 지원, 공공 일자리연계 지원)

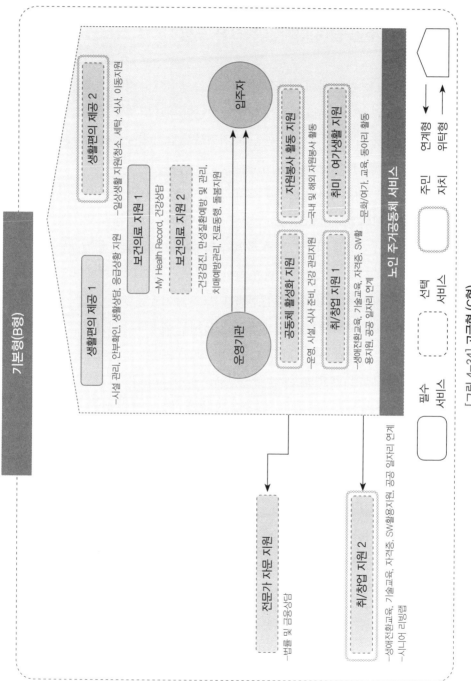

[그림 4-34] 고급형 (C형)

5. 입주민 참여 디자인 워크숍 모형

입주민을 위한 참여 디자인 워크숍 프로그램의 목적은 새로운 입주자들에게 새로운 주거 및 생활환경에 대한 종합적인 정보를 제공하면서, 입주민이 주체가 되어 주거공동체 내부 활동 및 지역사회 참여 활동을 조직하고 운영할 수 있도록 하는 데 목표를 두고 있다.

입주민 참여 디자인 워크숍 모형은 입주민의 필요와 욕구에 기반한 서비스 개발을 위해 Standford University D.School에서 개발한 디자인 싱킹(Design Thinking) 과정을 기반으로 하고 있다(Brown, 2008). 노인 주거공동체 입주민 스스로 자신의 거주환경에 대한 책임을 갖고 공동으로 참여하여 입주민 중심의 창의적 문제 해결 과정을 포함한다. 노인 주거공동체 입주민이 경험하는 다양한 욕구와 필요에 대해 함께 공감하고, 이를 해결하기 위한 방안들을 논의하면서 입주민에게 가장 적합한 방법들을 찾는 과정이 참여 워크숍이다. 따라서 입주민 참여 디자인 워크숍은 운영진이나 전문가의 일방향적 전달식 주입식이 아닌 참여자끼리 서로 묻고 토론하는 쌍방향 방식의 학습과정으로 구성된다.

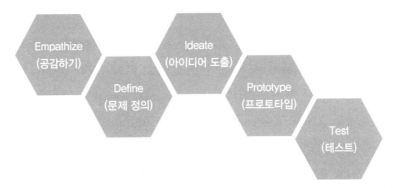

[그림 4-35] 입주민 참여 디자인 워크숍 모형에 활용된 디자인 싱킹(Design Thinking) 프로세스

출처: Plattner, H. (2016).; Brown, T. (2008).

노인 주거공동체 입주민 참여 디자인 워크숍 (Participatory Design Workshop) 운영 모형은 총 4단계로 이루어진다. 1단계는 정보제공 및 공유 단계로, 예비 입주민들에게 노인 주거공동체 안내 책자, 인터넷사이트 및 기타 정보를 제공해 주는 기본 안내를 실시한다. 기본 안내 이후 예비 입주민들에게 심층 정보를 제공하기 위해, 입주 신청서 작성 안내, 예비 입주민을 위한 질의응답 서비스를 운영한다. 정보제공 및 공유 단계에서는 비대면(전화통화, 문자, SNS, Zoom, 우편 등)형태의 단계로 기본 안내와 심층 정보 제공 이후 좀 더 관심이 있는 대상자를 중심으로 예비 입주민 참여 디자인 워크숍 초청을 하여 다음 단계 참여로 이어지게 한다.

2단계는 참여 디자인 워크숍에 참여 의사가 있는 예비 입주민들의 주거공동체 방문 단계이다. 오픈하우스와 노인 주거공동체 운영진, 그리고 예비 입주민간의 미팅 형태로 이루어진다. 현장 방문을 하는 오픈하우스 행사를 통해 자신이 거주하게 될 주거공간과 공용 시설 및 기타 시설, 가능한 서비스, 주변 지역 환경 등 좀 더 추가적인 주거 정보를 제공한다. 또한 오픈하우스 행사에서 예비입주민은 운영진과의 대면 만남과 질의응답 시간을 통해 궁금한 사항들과 노인 주거공동체에 필요한 사항들을 현장에서 직접 요구할 수 있다. 추가적으로 오픈하우스 행사 동안 함께 입주하게 될 입주민들이 서로 자연스럽게 만날 수 있는 기회가 제공된다. 입주민 참여 디자인 워크숍에 참여하기 전 상호 라포르 형성을 시작하고, 함께 만들어 갈 주거공동체에 대한 의견들을 교환할 수 있는 기회를 갖게 된다.

3단계는 1~2일 과정으로 진행되는 입주민 참여 디자인 워크숍이다. 예비 입주민들이 함께 직접 자신들이 원하는 서비스와 프로그램에 대한 아이디어를 교환하고, 기획, 개발 및 운영방법들을 도출하는 과정이다. 세부 워크숍은 4~5명으로 이루어진 소그룹으로 이루어진다. 각 개인의 아이디어를 구체적으로 표현하고, 함께 개발하기 위해서는 작은 인원으로 적극적 참여가 필수적이기 때문이다. 워크숍 운영에 따른 세부 운영 방법인 게임형, 발견형, 행동계획 수립기법 등 다양한 유형 방법은 워크숍 참여자들과 진행자가 직접 정하여 진행할 수 있도록 구성한다. 입주민 참여 디자인 워크숍의 마지막 날은 각 소그룹별로 작성한 아이디어를 종합하고 논의하여 최종 구체화된 실행 방법을 합의하기 위해 전체 그룹이 모이게 된다. 각 소그룹별로 합의된 내용이 전체적으로 합의되는 과정에서 워크숍 진행자의 역할과 각 소그룹별 상호 의견 수렴 과정이 매우 중요하다.

마지막 4단계는 합의된 신규 서비스 및 아이디어를 디자인하는 과정이다. 입주민 간 최종 수정 및 의견 수렴된 신규 서비스의 실제적 실행을 위해 입주민과 운영진 연석회의도 필요하다. 필요하다면 신규 서비스 및 아이디어의 시범 운영 및 평가를 통한 보완도 이루어질 수 있다. 노인 주거공동체 입주민 참여 디자인 워크숍을 통해 이루어진 신규 서비스 및 프로그램 개발은 입주민들이 함께 고민하고, 함께 만들고, 함께 운영한다는 점에서 입주민들의 공동체성을 향상시키고 소속감과 주인의식을 갖게 하는 데 매우 중요하다.

〈표 4-36〉 노인 주거공동체 입주민 참여 디자인 워크숍 (Participatory Design Workshop) 운영

① 사전준비 및 예비 미팅	②	③ 입주민 참여 디자인 워크숍	④ 신규 서비스/프로그램 개발 및 테스트
정보 제공 및 공유	주거공동체 방문	입주민 참여 디자인 워크숍	신규 서비스 및 아이디어 디자인
안내 및 정보 제공	오픈하우스	1~2일 과정	소그룹 논의 및 토의
우편/전화 안내	운영진, 예비 입주민 미팅		Co-create, Co-produce, Co-manage
• 기본 안내: 노인 주거공동체 안내 책자, 인터넷사이트 및 기타 정보 제공 • 입주자를 위한 상층 정보 제공: 입주 신청서 작성 안내, 입주민을 위한 질의응답 서비스 운영 • 입주민 참여 디자인 워크숍 조정	• 시니어 주거공동체 정보 공유: 현장 방문을 통한 주거시설, 현재 가능한 서비스, 주변지역 환경 등 관련 정보 공유 • 담화 및 토론: 운영진과의 만남 및 주거공동체에 대한 의견 교환 • 입주민 간 상견례: 간단한 소개 및 인사	• 입주민 참여 워크숍 　-오리엔테이션 　-세부 소그룹별 워크숍 운영: 입주민들의 필요와 욕구별 서비스 아이디어 기획, 개발 및 운영방법 도출 　* 워크숍 유형에 따른 세부 운영 방법 개발(유형: 발견, 디자인게임 등, 행동계획 수립 기법 등) 　-소그룹별 발표 및 토의 • 아이디어 종합 및 실행 방법 논의	• 입주민 욕구기반 신규 서비스/프로그램 소개 및 운영 시나리오 작성 • 신규 서비스 및 아이디어 실행을 논의 및 보완 　-입주민 간 최종 수정 및 의견 수렴 　-행정지원을 위한 입주민과 운영진 연석회의 • 신규 서비스 및 아이디어의 시범 운영 및 보완

노인 주거공동체

나가며

노인 주거공동체의 새로운 논의

이 책은 코로나와 같은 전 세계적인 단절의 위기가 다시 와도 고독 속에서 혼자 늙어가지 않고 어떻게 하면 '함께 잘 늙어가는' 모델을 구현될 수 있을까에 대한 첫 번째 연구의 결과물이다. 나이 들어도 살고 싶은 집은 단순히 나이가 든 고령자만을 위한 집이 아니다. 따라서 이러한 연구는 노년으로 접어들기 전부터 자신의 노후 삶을 계획하고 준비하기 위한 기준을 제공할 뿐만 아니라 모든 연령층이 나이가 들어도 자신의 삶의 가치를 실현할 수 있다는 실제적 근거가 될 수 있다.

초고령화에 따른 노인들의 AIP 니즈가 커질 것이고, 이는 다양한 노인 주택 모델들의 실험과 정착으로 이어질 것이다. 구체적으로 첫째, 다양한 욕구를 반영하는 주거 환경에서 필요한 건강과 돌봄의 다양한 서비스가 제공되고, 둘째, 여러 가지 활동을 함께 하면서 외롭지 않게 늙어가며, 셋째, 활동적인 노년을 보낼 수 있는 라이프 스타일을 실현할 수 있는 주택에 대한 욕구가 앞으로 계속 확대될 것이다. 책을 마무리하는 이 장에서는 책에서 이번에 다루지 않은 부분들을 후속 연구 시리즈에 다룰 주요 주제들로서 크게 3가지 영역으로 나누어 소개하고자 한다.

1. 한국 문화의 특수성을 반영한 한국형 노인 주거공동체 모델

의도적이든 자연발생적이든 세계 각국에서 구현되고 있는 다양한 노인 주거 모델은 많은 경우 궁극적인 목표로 공동체(커뮤니티) 구축을 통해 AIP를 달성하는 것이 명시적인 목표로 제시되어 왔다. 그러나 지역사회에 존재한다는 이유만으로 그들이 의료 시설이나 장기요양시설과 자동적으로 구별되는 것은 아니다. 지역사회 기반 노인 주거 모델들은 물리적 위치를 중심으로 하고 있지만 동시에 그 물리적인 환경과 사회적 관계의 이중적 특성을 공유한다는 핵심적인 특성을 갖고 있다(Kloos et al., 2012). 또한, AIP에서 'Place'라는 용어는 물리적 위치를 의미할 뿐만 아니라 다른 사람들과의 관계가 상호작용하는 사회적 공간, 애착과 소속감이 있는 감정적 장소, 개인의 신념과 가치를 포함하는 문화적 장소를 지칭한다(Iecovich, 2014). 따라서 기존 노인 주거 모델들에서 공동체라는 개념이 그 생활 환경에서 AIP를 어떻게 촉진하는지에 대한 연구가 중요하다.

헌재 노인 주거 모델에 관한 문헌에서는 공동체를 핵심 주제로 하는 연구가 전반적으로 부족하고 특히 실증적 연구를 소개할 수 있는 이론적 틀이 대체로 부족하다. 이 책의 제1장에서 검토한 연구들의 주제들은 일반적으로 노인 주택에서의 경험, 사회적 참여, 물리적 측면 또는 프로그램 설계로 세분화되는 경향이 있다. 하지만 노인 주거공동체는 이 세 가지 요소를 모두 필요로 한다. 향후 연구들은 노인 주거 모델과 공동체 형성이라는 교차점을 연구하기 위한 통합적 또는 개념적 틀의 개발이 필요하다. 노인 주거는 한 개인 삶의 이야기가 포함된 공간이며, 이웃 환경과 지속적인 상호작용으로 사회적 관계를 형성하는 공간이다. 개인 삶은 적어도 60년이라는 역사적·문화적 환경 안에서 만들어진 것이고, 입주민 간의 사회적 관계는 각 개인이 경험한 역사적·문화적 환경 간의 상호작용이라고 할 수 있다. 특히 문화는 개인의 성격뿐만 아니라 각 개인이 거주하는 나라의 규범과 가치를 형성하기 때문에 문화를 이해한다는 것은 노인 주거공동체에서 필요로 하는 입주민 간의 인간관계를 이해하고 형성하는데 필수적이다.

문화의 특수성은 구성원들이 속한 사회, 의식, 규범, 행동들이 외부로 표출되면서 형성된 무형의 요소들로 학자들에 따라 다양한 관점에서 문화를 해석하고 있다. 문화 연구에 관한 대표적인 학자는 홉스테드(Geert Hofstede), 에드워드 홀(Edward T. Hall), 에린 마이어(Erin Meyer) 등이 있다. 홉스테드는 사회 구성원들이 다른 사람들과 생활하며 나타내는 자기 개념 및 집단과 자신의 관계에 대한 인식, 시간과 환경에 대한 태도 등을 문화 변수로 제시하고 있다. 권력거리, 개인주의 성향 대 집단주의 성향, 남성성 성향 대 여성성 성향, 불확실성 회피성향, 장기 지향 대 단기 지향, 자적 대 자제라는 6가지 문화적 차원을 제시하였다. 에드워드 홀은 문화 인류학 분야에서 장기간의 인터뷰를 통한 사람들의 의사소통을 중심으로 하는 문화 특성 고맥락 대 저맥락, 빠른 메시지 대 느린 메시지, 공간적 거리, 단일 대 다중시간 지향 등 4가지로 구분하였다.

〈표〉 문화에 대한 정의

연구자	모델	문화특성	문화요소
홉스테드 (Geert Hofstede)	피라미드 모델 The Pyramid Model	• 세계의 문화와 조직 사이 관계에 대하여 피라미드 형태의 문화모델을 제시 • 피라미드모델은 크게 문화를 인간본질(human nature), 문화(culture), 성격(personality)으로 개인 및 집단의 수준으로 구분 • 문화는 개인이 아닌 특정 집단에 의해 타고난 것이 아닌 학습된다는 것으로 설명	• 권력거리 • 개인주의 대 집단주의 • 남성성 대 여성성 • 불확실성 회피 • 장기 지향 대 단기 지향 • 자적 대 자제

홀 (Edward T. Hal)	공간모델 The Space Model	• 문화를 크게 3가지 거리 차 원 모델로 제시 • 인간관계 사이의 소통 과정 을 개인적 공간, 사회적 공 간, 공적인 공간으로 구분 • 문화는 공간에 따라 그 문화 권에서 서로 다른 상호작용 들이 나타나면서 그 문화만 의 독특한 맥락이 만들어짐 을 통해 문화 차이가 발생	• 고맥락 대 저맥락 • 빠른 메시지 대 느린 메시지 • 공간적 거리 • 단일 대 다중시간 지향
마이어 (Erin Meyer)	문화지도 모델 The Culture Map	• 홉스테드와 홀의 문화이론 을 바탕 • 컬처맵을 통해 문화 차이의 복잡성이 비즈니스 성공에 어떠한 영향을 미치는지 다 양한 연구와 사례를 통해 8 가지 기준을 제시	• 고맥락 대 저맥락 • 직접적인 부정적 평가 대 간접적인 부정적 평가 • 원칙 우선 대 적용 우선 • 수평적 대 수직적 • 합의적 대 하향적 • 업무 중심적 대 관계 중 심적 • 대립적 대 대립 회피적 • 직선적 시간 대 탄력적 시간

출처: 한봄이, 나건(2018).

노인 주거공동체는 입주민들의 문화적 환경을 반영하는 공간인 동시에 새로운 노후 삶을 도전할 수 있는 공간으로 각 국가가 가지고 있는 문화적 특수성을 반영한 모델이 필요하다. 기존 문화의 다양성에 대한 연구를 노인 주거공동체 모델 개발과 연계하여 한국 문화의 특수성을 반영한 한국형 노인 주거공동체 모델을 개발하는 후속연구가 요구된다.

관련하여 특히 지속적인 고민과 준비가 필요한 영역은 특정 대상을 위한 주거공동체 모델에 관한 연구이다. 노인 주거는 주거 연속성(residential continuum)이라는 광범위한 개념 하에서 존재하는 다양한 모델로 이루어져 있다. 노인 주거는 개별 국가 및 제도의 틀과 사회의 문화적 특성에 기반하고 해당 사회의 노인들이 직면하고 있는 문제들을 해결하고 그들을 위한 기회를 제공하는 장소라고 할 수 있다. 여러 국가에서 의도적으로 개발 및 확장되고 있는 치매마을, 성소수자를 위한 노인 주거 모델, 발달 장애 노인들을 위한 노인 주거 모델, 세대통합형 주거 모델들은 특정 입주자를 위한 맞춤형 주거 모델이지만 많은 경우 지역사회에서 민간에 의해 계획 및 개발되고 있다. 이러한 개별 사례들은 대중 미디어를 통해서 간간히 소개가 되어 오고 있지만 이런 모델들의 확장성과 지속가능성을 체계적으로 검토하려면 세계 각 지역에서 개발 및 확장된 다양한 공동체 모델들에 대한 심층적인 사례 연구도 비교문화 연구적인 측면에서 접근할 필요가 있다.

2. ICT(정보통신기술)이 연계된 스마트 노인 주거 모델

우리는 지난 2019년부터 약 3년간 코로나19 팬데믹으로 '사회적 거리두기'를 해야만 생존이 가능했던 시대를 경험하면서 비대면 '돌봄과 안전'이 가능한 주거 욕구도 확대되었다. 특히 코로나19 팬데믹 확진자 중 사망자 수로 나타난 치명률이 젊은 층보다는 고령층에게 높게 나타나면서 ICT(Information and Communications Technology)와 연계된 스마트 노인 주거에 대한 관심도 증대되었다. 한국 질병관리청 자료에 의하면 코로나19 확진자 중 사망한 비율(치명률)이 80대 이상이 1.71%로 가장 높고, 30대 미만은 치명률이 거의 '0'에 가까웠다. 또한 급속한 고령화로 인해 고령인구 대비 생산 가능인구가 빠르게 감소하면서, 돌봄 인력의 부족과 이에 따른 돌봄 비용의 증가라는 경제적 이유로 인해 ICT 기술이 연계된 스마트 노인 주거에 대한 필요성이 확대되고 있는 상황이다.

이런 환경적 변화로 인해 고령자용 스마트홈은 ICT를 활용해 신체적·정신적·사회적 건강을 유지하며 '(가능한 한) 인생을 마칠 때까지 익숙한 장소(공동체)에 남아서 생활하기(Aging In Place)'에 중점을 두고 있다. 기본적인 스마트홈은 현재도 우리 사회에서 활동되고 있는 원격조절 기능으로 전자레인지, 전등, TV, 냉장고 등 가전제품과 안전문(Security doors), 가스 누출감지기 등을 가정 외부 및 가정 내부에서도 조절하는 기능이 포함되어 있다. 따라서 다양한 ICT와 기존 전자제품들을 노인 주거 모델에 집약적으로 연결한다면 노화로 인해 발생하는 어려움이나 불편함을 경감시킬 수 있는 역할을 수행할 것이다.

최근에는 스마트홈의 개념이 개별 주택에서 고령층이 거주하는 지역사회로 확대되어 스마트 커뮤니티의 개념으로 변화하고 있다. 고령자를 위한 주거에만 제한하지 않고 고령자들이 거주하는 지역사회로 스마트 주거의 개념을 확대시킨 최초의 모델은 미국 멕키즈어웨어 커뮤니티(Mckiz aware community) 모델이다. 멕키즈 어웨어 커뮤니티의 조성 목적은 신체적, 인지적 기능이 저하된 노인들을 집안에서뿐만 아니라 공용공간에서의 활동을 통해 건강하고 독립적인 생활을 영위할 수 있도록 도움을 제공하는 데 있었다. 이곳은 펜실베니아 주의 멕키즈포트(McKeesport)로 수용 계획인구는 약 40가구 약 100명으로, 이중 65세 이상 고령자는 60%를 차지하였다. 각 집은 통합된 보안 시스템이 설치되어서 화재, 일산화탄소, 열에 대한 예방 경보 시스템과 창문과 문에 센서를 부착한 보안 시스템을 보유하고 있었다. 또한 거주민들이 집 밖에서도 도움을 청할 수 있도록 혁신적이고 독특한 개인응급반응 시스템(Personal Emergency Response Systems: PERS) 수신기들을 집 내부뿐만 아니라 집 외부공간에도 설치하였다. 예를 들면 집 외부공간인 지역공원에 스마트 가로등, 스마트 거리 전신주를 설치하여 거주민의 움직임을 인식하고 넘어졌을 경우 긴급 구조 시스템과 연계하도록 하였다.

우리나라의 노인을 위한 스마트홈 사업은 아직은 개별 주거공간 중심으로 이루어지고 있으나, 고령자를 위한 스마트홈의 개념이 해외에서와 같이 기존의 개인주택에서 지역사회로 확대될 것으로 예상된다. 앞에서 언급한 다양한 노인 주거 모델도 입주민들의 욕구와 운영주체의 여건, 기술의 발달 등을 고려하여 스마트 기술과의 연계와 협력이 이루어질 것이며, 이에 대한 연구들도 지속적으로 필요하다.

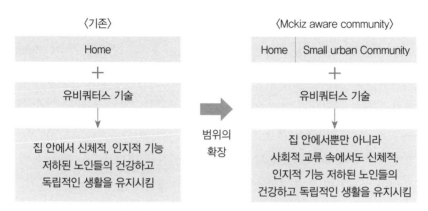

[그림] Mckiz aware community의 개념

출처: 박환용 외(2013).

3. AIP와 웰다잉

AIP가 자신의 집과 지역사회에서 살아가다 좋은 죽음(좋은 임종)을 맞이하는 전체 과정을 아우르는 개념(Lee et al., 2017)을 고려할 때, 이 정의 속에는 웰다잉(Well-dying)의 개념도 포함되어 있다. 따라서 AIP를 가능하게 하는 노인 주거공동체 모델은 웰다잉을 구현할 수 있는 장소가 될 수 있어야 한다. 죽음의 장소는 특히 최고령자와 호스피스 또는 임종 관리를 받는 개인 사이에서 중요한 문제이다. 좋은 임종은 개인이 자신의 집에 남아 적절한 치료를 받는 것을 포함하며, 생의 마지막 단계에서 강제적으로 요양원이나 다른 시설로 옮겨지는 것이 아니다. 그렇다면 좋은 죽음을 맞이할 수 있는 한 가지 방법은 다양한 노인 주거 모델에서 호스피스 및 완화 치료 서비스, 즉 생애 말기 돌봄서비

스를 제공하는 것이다.

아직까지 우리나라는 재택사를 위한 환경이 매우 제한적이다. 현재 생애 말기 돌봄서비스는 암, 후천성 면역결핍증후군, 만성폐쇄성폐질환, 간경화 등 4가지 특정 질환자에게만 제한적으로 제공되며, 주로 의료시설에서 입원치료를 통해 제공된다. 2020년 9월부터 좋은 죽음을 위한 규제 체계를 마련하기 위해 가정형 호스피스 서비스가 도입되었지만 요양시설 이외의 거주환경에서 좋은 죽음이 어느 정도 달성되고 있는지는 불분명하다. 또한 환자 당사자와 가족들의 부정적 인식으로 인해 이용률이 낮아(공인식, 2015), 2022년 기준 21%에 그치고 있고 이마저도 병원형 모델에 집중되어 있다(보건복지부, 2023). 아직까지 우리나라에서는 생애 말기 돌봄이 지역사회 내에서 제공되는 서비스가 아니라 의료적인 보건 서비스에 그치고 있는 것이다(김소영, 2023).

영국은 좋은 임종을 위한 국가 임종 치료 이니셔티브를 설정하고 2004년부터 말기 암 환자뿐만 아니라 모든 임종 환자를 위한 치료를 확대하기 위해 노력해 왔다. 대만에서는 모든 입원 시설이 지역사회 기반 서비스를 제공하며(평균 입원 기간은 약 13일이고 병원 사망률은 50% 미만), 암이 아닌 질병까지 혜택 범위를 확대하여 외래, 가정 기반, 상담 서비스를 제공하는 지역 커뮤니티 기반 파일럿 프로그램이 시행되고 있다. 미국의 경우 돌봄서비스를 공공영역에서 정책을 주도하고 민간 영역에서 제공한다는 점은 우리나라와 유사하지만, 생애 말기 돌봄서비스 이용 대상을 특정 질환들로 제한하고 있지 않고 시설이 아닌 가정형 서비스 중심으로 제공하고 있다. 특히 병원 시설이 아닌 광범위한 의미의 다양한 노인 주거 모델 중에서 생활지원주택(assisted living)에서 호스피스 서비스의 이용이 크게 늘어나고 있다. 2009년부터 2015년 사이에 지역사회에서 호스피스 서비스를 받고 사망한 메디케어(저소득 대상 건강보험) 수혜자 중 상당수가 생활지원주택에서 사망한 것으로 보고되었고, 사망자들 중 약 4분의 3이 사망 시점에 어떤 형태로든 생애 말기 돌봄서비스를 이용했다(Thomas et al., 2020).

우리나라에서는 다양한 주거 옵션과 좋은 임종에 관한 논의 자체는 아직까지 찾아보기 힘들다. 이런 논의 자체의 부재는 노인 주거공동체 모델에 대한 다양성, 확장성, 지속가능성 등에 대한 논의도 아직 초기 단계인 것과 직결되어 있다. 현재 우리나라는 재택 임종에 대한 법적·윤리적 절차가 명확하지 않다. 예를 들어, 집에서 임종하면 학대나 사고는 없었는지를 조사하고 사망선고는 의사가 해야 하지만 제도화된 방문 진료 시스템이 부재하니 현실적으로는 병원에서 임종하게 되는 상황인 것이다. 따라서 향후 다양한 주거 모델의 확장에 필요한 정책적·실천적 준비와 생애 말기 돌봄 정책의 확장·보완은 초기부터 함께 진행되는 것이 중요하다.

노인 주거공동체

참고문헌

강은나, 주보혜, 이재춘, & 배혜원(2019). 초고령사회 대응을 위한 노인주거정책 개편 방
안. 한국보건사회연구원.

강은나(2021). 노인주거복지시설의 현황과 과제. 보건복지포럼, 2021(3), 88-101.

강지원, 최혜진, 노현주, 강상원, 최민지, 이은솔(2021). 고령자 대상 주거지원 정책 평가
연구, 한국보건사회연구원.

공인식(2015). 호스피스완화의료 제도 현황 및 발전방안. HIRA 정책동향, 9(6), pp.
7-19.

관계부처 합동(2018.11.20.). 「1단계: 노인 커뮤니티 케어 중심 지역사회 통합 돌봄
기본계획(안)」.

관계부처 합동(2024.3.21.). 어르신 1천만 시대 「건강하고 행복한 노후대책」.

구자인(1995). 생태위기와 공동체운동(I)-국내 공동체운동의 세가지 조류. 환경과 생
명. 90-101.

국토교통부(2022). 2021년도 주거실태조사.

국토교통부, 국토교통과학기술진흥원(2019). AI기반 스마트하우징 기술개발(스마트
하우징 플랫폼 및 주거서비스 기술개발) 기획보고서.

김미령, 김주현, 김정근, 양흥권, 이현기, 이기영, 조선영, 홍승연, 서혜경, 김유진, &
박영란(2015). 베이비붐 세대의 노후준비와 삶의 질. 학지사.

김소영(2023). 재가생애말기 환자의 방문호스피스서비스에 대한 인식. 대한질적연구
학회지, 8(2), pp. 153-166.

김영란, 송치선, 이철선, 이재경(2013). 지역연대에 기초한 노인 1인가구 돌봄지원방

안. 한국여성정책연구원 연구보고서, 2013(2), 1-136.

김유진, 박순미, 박소정(2017). 저소득 독거노인을 위한 지역사회 내 주거 대안에 관한 연구: 노인주거복지 실무자들과의 초점 그룹 면담을 중심으로. *Korean Journal of Social Welfare Research*, 52, 65-93.

김유진(2016a). '지역 공동체 내에서 나이 들어가기' 관점에서 살펴 본 농촌 독거노인 공동생활거주제에 관한 연구. 노인복지연구, 71(1), 251-273.

김유진(2016b). 농촌지역 독거노인 공동생활거주에 관한 질적 사례연구. 한국노년학, 36(1), 21-38.

김재현, 김명식(2021). 초고령화 시대 한국판 은퇴자복합공동체마을(K-CCRC) 조성에 관한 이론적 고찰-연령통합 기반의 K-CCRC를 중심으로. 대한건축학회논문집, 37(12), 85-95.

김정근(2021). 독거노인을 위한 로봇서비스 평가방법개발 및 로봇 서비스 도입전략도출. 한국취약노인지원재단.

김정근(2020). 실버산업 해외사례와 활성화 전략. 보험연구원, 제37호, 37-38.

김정근(2021). 코로나 19 팬데믹시대 미국의 AI로봇을 활용한 노인 돌봄 사례와 이슈. 국제사회보장리뷰, 2021(봄), 16-26.

김하나(2020). 노년기 삶에서 예술 활동이 갖는 평생 학습적 의미. 이화여자대학교 교육대학원 박사학위논문. https://dcollection.ewha.ac.kr/public_resource/pdf/000000163346_20230716183535.pdf

남은우(2020). COVID-19와 관련된 사회적 고립과 외로움 극복을 위한 사회적 처방 제도. 보건교육건강증진학회지, 37(1), 113-116.

남해권, 임수빈, 이상민, 이유림. (2020). 한국과 캐나다의 사회적처방 시범사업 평가: Capacity Mapping Tool을 사용하여. 지역발전연구, 29(3), 45-73.

마에다 노부히로(2018.7),『리빙랩의 동향과 미래』, 리빙랩 연구회 발표자료.

문성택, 유영란(2022). 한경무크 실버타운 올가이드: 100세 시대 최고의 노후 주거지. 한국경제신문.

박경옥, 최지원, 주민영, 함유식(2022). 공동체주택 공유공간 이용 및 생활규약에 따른 거주자의 공동체의식. 한국주거학회논문집, 33(1), 141-150.

박기덕(2023). 영구임대주택 입주자의 사회적 고립과 자살예방을 위한 지원방향. 국토연구원.

박소정, 김정근, 안서연(2023). 굿네이버스 미래재단 시니어 주거동체 서비스 모형 및 운영전략 연구. 굿네이버스 미래재단 & 에이징 투게더.

박소정(2022). 노령화를 부정적으로 보면 해법없어, '동네서 행복하게 늙어가기'가 출발점. DBR Vol 367 No.2.

박중신, 박헌춘, 김승근(2014). 농촌지역 독거노인 공동생활홈의 운영실태에 관한 조사연구. 한국농촌건축학회 논문집, 16(4), 1-8.

박혜선(2021). 지역커뮤니티 거점공간으로서의 일본 커뮤니티카페의 특성 연구, 2021 한국산학기술학회 춘계 학술발표논문집, 279-282.

보건복지부(2020.9.8.) 독거노인 응급안전안심서비스 차세대 댁내장비 10만 대 보급, 보도자료.

보건복지부(2022). 2022년 노인복지시설 현황.

보건복지부·중앙호스피스센터(2023). 2022 국가 호스피스·완화의료 연례보고서. 보건복지부.

비즈니스포스트(2020.7.21.). KT, 용산구치매안심센터와 협력해 비대면 돌봄서비스 운영 https://www.businesspost.co.kr/BP?command=article_view&num=188194)

서현보(2022). 노인 커뮤니티케어를 위한 지역공동체와 고층 아파트 개발-이론과 선행연구 및 심층인터뷰 기반의 개선 방향 탐색. 대한건축학회논문집, 38(1), 3-13.

석재은, 강지원, 홍성민, 이기주, 최선희, 여나금, 석춘지(2019). 고령자복지주택 신사업 추진 모델 개발을 위한 연구. 한국토지주택공사, 한림대학교 산학협력단.

성지은, 송위진, 정병걸, 최창범(2017). 국내 리빙랩 현황 분석과 발전 방안 연구. 과학기술정책연구원.

성지은, 박인용(2015). 대만의 사용자 기반 혁신과 ICT리빙랩. 동향과 이슈 제21호. 과학기술정책연구원.

성지은, 서정주, 송위진(2020) 공동창조를 지향하는 일본 리빙랩 활동 현황: 초고령사회대응을 중심으로. 리빙랩 동향과 이슈 제2호. 한국리빙랩네트워크.

신동관, 한영호(2011). 노인공동주거시설의 공용공간 특성에 관한 연구-노인 여가활동 유형 중심으로. 한국공간디자인학회 논문집, 6(1), 31-41.

양은진, 김순은(2017). 시니어 코하우징 입주 노인들의 사회 자본 형성과정에 관한 연구: 김제시 한울타리 행복의 집을 중심으로. 지방정부연구, 21(2), 103-128.

에드워드 홀(1977). 문화를 넘어서. 한길사.

연합뉴스(2023.8.28.) 고령자복지주택 공급, 고령인구 대비 0.1%수준⋯공급량 늘려
    야. https://www.yna.co.kr/view/AKR20230824183700003

염혜실, 권오정(2014). 노인 1인가구를 위한 시니어 쉐어하우스 개발에 관한 연구. 한
    국주거학회논문집, 25(6), 123-132.

유병선, 김정근, 정규형, & 김주연(2022). 디지털 기기의 노인복지현장 적용 현황과 발전
    방안. 경기복지재단.

유은주, 김미영, 이건정(2013). 농촌 공동생활가정 거주 노인의 공동생활체 경험 연
    구. 노인복지연구, 62, 151-172.

유은하, 강용구, 정순진, 문지원, 김재순, 박신애, 최정란, 안제준, 조문경, 손진동
    (2022). 치유농업 입문: 농업으로 몸과 마음을 건강하게. 농촌진흥청 국립원예특작
    과학원 도시농업과.

윤민석(2012). 노화에 대한 재해석. 한국노년학, 32(2), 431-446.

이동옥(2020). 여성주의 관점에서 대안적 노인여성 공동체에 관한 연구: 사회참여와
    노인돌봄을 중심으로.한국여성학, 36(2), 75-108.

이만우(2020). 커뮤니티케어 '케어안심주택' 사업계획의 쟁점 및 과제. NARS 현안분석,
    123, 1-24.

이상록, 도유희(2020). 농촌지역 생활공동체의 특성이 노인들의 생활만족도에 미치는
    영향. 한국콘텐츠학회논문지, 20(5), 171-180.

이연숙, 전은정, 김혜연, 황윤서, 황선혜, 조선화(2019). 소규모공동체주택 개발을 위
    한 고령자 참여 계획 연구. 한국실내디자인학회 논문집, 28(6), 28-40.

이윤경 외(2021). 2020년 노인실태조사. 한국보건사회연구원.

이윤경, 강은나, 김세진, 변재관(2017). 노인의 지역사회 계속 거주(Aging in place)를 위
    한 장기요양제도 개편 방안. 한국보건사회연구원.

이진숙(2010). 가족대안으로서의 농촌 독거노인 생활공동체에 대한 연구. 가족과 문
    화, 22(1), 95-119.

장주영, 황용섭, 김주연(2020). AIP를 위한 노인공동체 주거 유형에 관한 연구. 한국공
    간디자인학회 논문집, 15(7), 355-366.

장주영, 황용섭, 김주연(2021). 서울·경기지역 고령자 서비스 지원주택 유형 특성에
    관한 연구.한국공간디자인학회 논문집, 16(5), 179-192.

재향, 조벽호(2012). 고령사회에 대응한 도시형 코하우징 내 세대교류 활성화 계획에

관한 연구. 한국공간디자인학회 논문집, 7(3), 29-39.

정인수, 박선희, 윤혜림(2012). 농촌지역 독거노인 생활공동체 거주만족도. 한국농촌
    건축학회논문집, 14(1), 9-20.

조승연(2022). 고령화 시대, 달라지는 공공임대주택의 모습. 국토, 13-18.

조찬식(2014). 휴먼라이브러리에 관한 연구: 서울시 성북구의 휴먼라이브러리를 중심
    으로. Journal of the Korean BIBLIA Society for library and Information Science,
    25(3), 9-28.

통계청(2021). 장래인구추계: 2020~2070년. https://kostat.go.kr/board.es?mid=a103
    01020600&bid=207&tag=&act=view&list_no=415453&ref_bid=

통계청(2022). 장래가구추계: 2020-2050년. https://kostat.go.kr/board.es?mid=a103
    01020600&bid=207&act=view&list_no=421304

통계청(2023a). 2022 인구주택총조사 결과.

통계청(2023b). 2023년 고령자통계.

통계청(2023c). 2022 주택소유통계.

통계청 · 한국은행 · 금융감독원(2023). 2022 가계금융복지조사 결과.

한경혜, 최혜경, 안정신, 김주현(2019). 노년학. 신정.

한국토지주택공사(2022.12.15.) 마포형 케어안심주택 ‘서봄하우스’입주 시장, 보도
    자료.

한봄이, & 나건(2018). 한국과 프랑스 모바일 메신저 디자인 개발 방향연구: 문화차이를
    바탕으로. 한국디자인문화학회지, 24(2), 703-714.

황주희, 김진희, 강은나, 이태진, 남기철, 노승현, 이재춘, 조성재, 김미옥(2020). 고령장
    애인의 커뮤니티케어 적용을 위한 주거지원 방안 연구. 한국보건사회연구원.

AARP. (2018). AARP International: The Journal. 90-101.

Ahn, J., Tusinski, O., & Treger, C. (2018). Living Closer: The Many Faces of Co-
    Housing. Studio Weave.

Alonso, N. R., & d'Argemir, D. C. (2017). The social construction of community-
    based care at La Muralleta, a self-managed cooperative for the elderly.
    Quaderns-e, 22(2), 183-198.

Andrews, G. J., & Phillips, D. R. (Eds.). (2004). Ageing and place (Vol. 9).

Routledge.

Anetzberger, G. J. (2009). Community options of greater Cleveland, Ohio: preliminary evaluation of a naturally occurring retirement community program. *Clinical Gerontologist, 33*(1), 1-15.

Arita, S., Hiyama, A., & Hirose, M. (2017). Gber: A social matching app which utilizes time, place, and skills of workers and jobs. *In Companion of the 2017 ACM Conference on Computer Supported Cooperative Work and Social Computing*, 127-130.

Boyer, R. H., & Leland, S. (2018). Cohousing for whom? Survey evidence to support the diffusion of socially and spatially integrated housing in the United States. *Housing Policy Debate, 28*(5), 653-667.

Brenton, M. (2013). *Senior cohousing communities-an alternative approach for the UK.* Joseph Rowntree Foundation.

Brown, T. (2008). Design thinking. *Harvard business review, 86*(6), 84.

Campbell, N. (2015). Designing for social needs to support aging in place within continuing care retirement communities. *Journal of Housing and the Built Environment, 30*, 645-665.

Carstensen, L. (2011). *A long bright future: Happiness, health, and financial security in an age of increased longevity.* Public Affairs.

Castle, N., & Resnick, N. (2016). Service-enriched housing: The staying at home program. *Journal of Applied Gerontology, 35*(8), 857-877.

Choi, J. S., & Paulsson, J. A. N. (2011). Evaluation of common activity and life in Swedish cohousing units. *International Journal of Human Ecology, 12*(2), 133-146.

Chong, A. M. L., Rochelle, T. L., & Liu, S. (2013). Volunteerism and positive aging in Hong Kong: A cultural perspective. *The International Journal of Aging and Human Development, 77*(3), 211-231.

Chum, K., Fitzhenry, G., Robinson, K., Murphy, M., Phan, D., Alvarez, J., Hand, C., Rudman, D. L., & McGrath, C. (2022). Examining community-based housing models to support aging in place: A scoping review. *The Gerontologist, 62*(3), e178-e192.

Coe, N. B., & Boyle, M. A. (2013). The asset and income profiles of residents in seniors housing and care communities: What can be learned from existing data sets. *Research on Aging, 35*(1), 50-77.

Cohen, G. D. (2006). *The creativity and aging study: The impact of professionally conducted cultural programs on older adults.* National Endowment for the Arts (NEA).

Cooper, M., & Rodman, M. C. (1994). Accessibility and quality of life in housing cooperatives. *Environment and Behavior, 26*(1), 49-70.

Critchlow, M., & Moore, A. (2012). When Do We Begin to Flourish in Senior Cohousing?. *Communities, 157,* 60.

Cross, S., & Markus, H. (1991). Possible selves across the life span. *Human development, 34*(4), 230-255.

DePaul, V. G., Parniak, S., Nguyen, P., Hand, C., Letts, L., McGrath, C., Richardson, J., Rudman, D., Bayoumi, I., Cooper, H., Tranmer, J., & Donnelly, C. (2022). Identification and engagement of naturally occurring retirement communities to support healthy aging in Canada: A set of methods for replication. *BMC geriatrics, 22*(1), 1-13.

Durrett, C. (2009). *The Senior Cohousing Handbook-: A Community Approach to Independent Living.* New Society Publishers.

Elbert, K. B., & Neufeld, P. S. (2010). Indicators of a successful naturally occurring retirement community: A case study. *Journal of Housing for the Elderly, 24*(3-4), 322-334.

en Henegouwen, L. J. (2019). *A Dutch framework for housing models to age in place.* Retrieved from https://www.semanticscholar.org/paper/A-Dutch-framework-for-housing-models-to-age-in-Henegouwen/db4dbf92d1f3fe545 bf90d69afc4e0d462ca8987

Enguidanos, S., Pynoos, J., Siciliano, M., Diepenbrock, L., & Alexman, S. (2010). Integrating community services within a NORC: The Park La Brea experience. *Cityscape,* 29-45.

Erikson, E. H., & Erikson, J. M. (1998). *The life cycle completed* (extended version). WW Norton & Company.

Evans, S. (2009). 'That lot up there and us down here': social interaction and a sense of community in a mixed tenure UK retirement village. *Ageing & Society*, *29*(2), 199-216.

Faulkner, D., Beer, A., & Hutson, M. K. (2006). Housing models for an ageing population. *Australasian Journal on Ageing*, *26*(4), 152-156.

Field, E. M., Walker, M. H., & Orrell, M. W. (2002). Social networks and health of older people living in sheltered housing. *Aging & mental health*, *6*(4), 372-386.

Gergen, M. M., & Gergen, K. J. (2006). Positive aging: Reconstructing the life course. *Handbook of girls' and women's psychological health*, 416-426.

Glass, A. P. (2009). Aging in a community of mutual support: The emergence of an elder intentional cohousing community in the United States. *Journal of Housing for the Elderly*, *23*(4), 283-303.

Glass, A. P. (2012). Elder co-housing in the United States: Three case studies. *Built Environment*, *38*(3), 345-363.

Glass, A. P. (2013). Lessons learned from a new elder cohousing community. *Journal of Housing for the Elderly*, *27*(4), 348-368.

Glass, A. P. (2016). Resident-managed elder intentional neighborhoods: Do they promote social resources for older adults?. *Journal of Gerontological Social Work*, *59*(7-8), 554-571.

Glass, A. P. (2020). Sense of community, loneliness, and satisfaction in five elder cohousing neighborhoods. *Journal of Women & Aging*, *32*(1), 3-27.

Glass, A. P., & Vander Plaats, R. S. (2013). A conceptual model for aging better together intentionally. *Journal of Aging Studies*, *27*(4), 428-442.

Golant, S. M. (2008). Affordable clustered housing-care: A category of long-term care options for the elderly poor. *Journal of Housing for the Elderly*, *22*(1-2), 3-44.

Graham, C. L., Scharlach, A. E., & Price Wolf, J. (2014). The impact of the "village" model on health, well-being, service access, and social engagement of older adults. *Health Education & Behavior, 41*, 91-97.

Graham, C. L., Scharlach, A. E., & Stark, B. (2017). Impact of the village model: results of a national survey. *Journal of gerontological social work, 60*(5), 335-354.

Graham, C., Scharlach, A. E., & Kurtovich, E. (2018). Do villages promote aging in place? Results of a longitudinal study. *Journal of Applied Gerontology, 37*(3), 310-331.

Grant, B. C. (2007). Retirement villages: More than enclaves for the aged. *Activities, Adaptation & Aging, 31*(2), 37-55.

Greenfield, E. A., & Mauldin, R. L. (2017). Participation in community activities through naturally occurring retirement community (NORC) supportive service programs. *Ageing & Society, 37*(10), 1987-2011.

Greenfield, E. A., Scharlach, A. E., Lehning, A. J., Davitt, J. K., & Graham, C. L. (2013). A tale of two community initiatives for promoting aging in place: similarities and differences in the national implementation of NORC programs and villages. *The Gerontologist, 53*(6), 928-938.

GWD KURUCUSU. (n.d.). *Global Wellness Day.* https://www.globalwellnessday. org/turkey/gwd-kurucusu/

Hofstede, G. (1993). Cultural constraints in management theories. *Academy of Management Perspectives, 7*(1), 81-94.

Hunt, M. E., & Gunter-Hunt, G. (1986). Naturally occurring retirement communities. *Journal of Housing for the Elderly, 3*(3-4), 3-22.

Japan Socience and Technology Adency (2016). *Aging in Place with ICT.* https:// www.jst.go.jp/ristex/korei/en/02project/prj_h22_03.html

Jolanki, O. H. (2021). Senior housing as a living environment that supports well-being in old age. *Frontiers in public health, 8*, 914.

Jolanki, O., & Vilkko, A. (2015). The meaning of a "sense of community" in a Finnish senior co-housing community. *Journal of Housing for the Elderly, 29*(1-2), 111-125.

Kang, M., Lyon, M., & Kramp, J. (2012). Older adults'motivations and expectations toward senior cohousing in a rural community. *Housing and Society, 39*(2), 187-202.

Kang, S. C. (2012). Initiation of the Suan-Lien living lab-a living lab with an elderly welfare focus. *International Journal of Automation and Smart Technology, 2*(3), 189-199.

Kaufman, J., & Finkelstein, R. (2020). *Creative aging in NYC.* New York: Brookdale Center for Health Aging, Life Time Arts and Live on NY. Disponível em: https://brookdale.org/wp-content/uploads/2020/02/Creative-Aging-in-New-York_FINAL.pdf.

Kisling-Rundgren, A., Paul III, D. P., & Coustasse, A. (2016). Costs, staffing, and services of assisted living in the United States: A literature review. *The Health Care Manager, 35*(2), 156-163.

Kloos, B., Hill, J., Thomas, E., Wandersman, A., Elias, M. J., & Dalton, J. H. (2012). *Community Psychology: Linking Individuals and Communities.* Wadsworth.

Labit, A., & Dubost, N. (2016). Housing and ageing in France and Germany: The intergenerational solution. *Housing, Care and Support, 19*(2), 45-54.

Lawton M. P., & Nahemow, L. (1973). Ecology and the aging process. In C. Ei sdorfer & M. P. Lawton (Eds.), *The psychology of adult development and aging* (pp. 619-674). American Psychological Association. https://doi.org/10.1037/10044-020

Lawton, M. P. (1982). Competence, environmental press, and the adaptation of older people. In M. P. Lawton, P. G. Windley, and T. O. Byerts (Eds.), *Aging and the environment: Theoretical approaches* (pp. 33-59). Springer Publishing.

Lawton, M. P. (1989). Environmental proactivity and affect in older people. In S. Spacapan & S. Oskamp (Eds.), *The social psychology of aging* (pp. 135-163). Sage Publications, Inc.

Lawton, M. P. (1990). Knowledge resources and gaps in housing for the aged. *Aging in place*, 287-309.

Lawton, M. P., (1999). Environmental taxonomy: Generalizations from research with older adults. In S. L. Friedman & T. D. Wachs (Eds.), *Measuring environment across the life span: Emerging methods and concepts* (pp. 91–124). American Psychological Association.

Levasseur, M., Richard, L., Gauvin, L., & Raymond, É. (2010). Inventory and analysis of definitions of social participation found in the aging literature: Proposed taxonomy of social activities. *Social science & medicine, 71*(12), 2141-2149.

Lewin, K. (1951). *Field theory in social science: selected theoretical papers.* Harper & Brothers.

Lewis, R. (2010). *When cultures collide* (pp. 171-211). London: Nicholas Brealey Publishing.

Martens, C. T. (2018). Aging in which place? Connecting aging in place with individual responsibility, housing markets, and the welfare state. *Journal of Housing for the Elderly, 32*(1), 1-11.

Meltzer, G. (2000). Cohousing: Verifying the importance of community in the application of environmentalism. *Journal of architectural and planning research,* 110-132.

Meyer, E(2014), *The Culture Map: Breaking through the Invisible Boundaries of Global Business*, Public Affairs

Nachison, J. S., & Leeds, M. H. (1983). Housing policy for older Americans in the 1980s: An overview. *Journal of Housing for the Elderly, 1*(1), 3-13.

Nancy, J. L. (2020). *Communvirus.* London: Verso. https://www.versobooks.com/blogs/4626-communovirus

Nielson, L., Wiles, J., & Anderson, A. (2019). Social exclusion and community in an urban retirement village. *Journal of Aging Studies, 49,* 25-30.

Nusbaum, L. (2010). *How the elder co-housing model of living affects residents' experience of autonomy: A self-determination theory perspective* [Unpublished doctoral dissertation]. The Wright Institute.

Park, S., Kim, B., & Kwon, E. (2018). The role of senior housing in hospitalizations among vulnerable older adults with multiple chronic conditions: A longitudinal perspective. *The Gerontologist, 58*(5), 932–941.

Park, S., Kwon, E., Kim, B., & Han, Y. (2019). Person–environment fit approach to trajectories of cognitive function among older adults who live alone: Intersection of life–course SES disadvantage and senior housing. *The Journals of Gerontology: Series B, 74*(6), 1–12.

Pereira, G. F., Lies, M., & Kang, M. (2019). A case study of place attachment in rural and urban senior cohousing communities. *Housing and Society, 46*(1), 3–22.

Plattner, H. (2016). An introduction to design thinking PROCESS GUIDE. Hasso Plattner Institute of Design.

Puplampu, V. (2020). Forming and living in a seniors'cohousing: the impact on older adults' healthy aging in place. *Journal of Aging and Environment, 34*(3), 252–269.

Rogers, M. F. (2014). Will baby boomers create new models of retirement community in rural A ustralia? *Australasian Journal on Ageing, 33*(4), 46–50.

Rowe, J. W., & Kahn, R. L. (1997). Successful aging. *The gerontologist, 37*(4), 433–440.

Ruiu, M. L. (2015). The effects of cohousing on the social housing system: the case of the Threshold Centre. *Journal of Housing and the Built Environment, 30*, 631–644.

Rusinovic, K., Bochove, M. V., & Sande, J. V. D. (2019). Senior co-housing in the Netherlands: Benefits and drawbacks for its residents. *International journal of environmental research and public health, 16*(19), 37–76.

Scheidt, R. J., & Schwarz, B. (2009). Environmental gerontology: A sampler of issues and applications. *Aging in America,* Vol.3, *156*.

Shippee, T. P. (2012). On the edge: Balancing health, participation, and autonomy to maintain active independent living in two retirement facilities. *Journal of Aging Studies, 26*(1), 1–15.

Spillman, B. C., Biess, J., & MacDonald, G. (2012). *Housing as a platform for improving outcomes for older renters.* What Works Collaborative.

Sugihara, S., & Evans, G. W. (2000). Place attachment and social support at continuing care retirement communities. *Environment and Behavior, 32*(3), 400-409.

Tester, G., Ruel, E., Anderson, A., Reitzes, D. C., & Oakley, D. (2011). Sense of place among Atlanta public housing residents. *Journal of Urban Health, 88*(3), 436-453.

The Retirement Villages Association of New Zealand. (n.d.). *The Retirement Village Lifestyle.* https://www.retirementvillages.org.nz/Site/Resid2ents/Default.aspx

Thomas, K., Belanger, E., Zhang, W., & Carder, P. (2020). State variability in assisted living residents' end-of-life care trajectories. *Journal of the American Medical Directors Association, 21*(3), 415-419. https://doi.org/10.1016/j.jamda.2019.09.013

Tornstam, L. (1997). Gerotranscendence: The contemplative dimension of aging. *Journal of aging studies, 11*(2), 143-154.

Wacker, R. R., & Roberto, K. A. (2013). *Community resources for older adults: Programs and services in an era of change*(4th ed.). SAGE Publications, Inc.

Wahl, H. W., Iwarsson, S., & Oswald, F. (2012). Aging well and the environment: Toward an integrative model and research agenda for the future. *The Gerontologist, 52*(3), 306-316.

Weeks, L. E., Bigonnesse, C., Rupasinghe, V., Haché-Chiasson, A., Dupuis-Blanchard, S., Harman, K., McInnis-Perry G., Paris M. Puplampu V., & Critchlow, M. (2023). The best place to be? Experiences of older adults living in Canadian cohousing communities during the COVID-19 pandemic. *Journal of Aging and Environment*, 1-21.

What Is Cohousing? (n.d.). *The Cohousing Association of the United States.* https://www.cohousing.org/what-cohousing/cohousing/

Williams, J. (2005). Designing neighbourhoods for social interaction: The case of cohousing. *Journal of Urban design, 10*(2), 195-227.

Wolfensberger, W. (1983). Social role valorization: A proposed new term for the principle of normalization. *Mental retardation, 21*(6), 234.

Projects Abroad(https://www.projects-abroad.org/trip-format/grown-up-specials/)

경기 베이비부머 행복캠퍼스(https://gg5060.or.kr/south) 2023. 12. 30. 접속

고위드유 홈페이지(https://www.gowithu.or.kr/)

국가법령정보센터(https://www.law.go.kr/)

나우(한국에자이)홈페이지 (https://www.eisaikorea.com/board/now_project/board_list.php)

메더라이프웨이즈 홈페이지 https://www.mather.com/)

뮤직앤메모리 홈페이지(https://musicandmemory.org/)

미국 매소닉케어(Masonic care) 커뮤니티 홈페이지(https://masonichomeny.org/)

브라보마이라이프(https://bravo.etoday.co.kr/view/atc_view/14545)

상상우리홈페이지(http://sangsangwoori.com/)

시립고덕양로원(http://www.gdyangrowon.or.kr)

시흥타임즈(http://www.shtimes.kr/news/article.html?no=26349)

에버영코리아 홈페이지(http://everyoungkorea.com/)

영국 NHS 홈페이지(https://www.england.nhs.uk/)

유니버설하우징협동조합 홈페이지(https://udhouse.co.kr/)

유당마을 홈페이지(http://www.gdyangrowon.or.kr)

일본탄포포데이케어 홈페이지(https://sites.google.com/view/onsenshisetu/)

제이엑터스 홈페이지(https://www.jactors.kr/)

한국 글로벌웰니스데이 홈페이지(https://globalwellnessday.co.kr/)

한국소비자원 홈페이지(https://www.kca.go.kr/)

GoEco홈페이지(https://www.goeco.org/tags/50plus/)

노인 주거공동체

찾아보기

저자 소개

박소정(Park Sojung, MA, Ph.D) (spark30@wustl.edu)

미국 워싱턴 대학교−세인트 루이스(Washington University in St.Louis)의 브라운 스쿨(Brown School)에서 부교수로 재직 중인 환경 노년학자이다. 시카고 대학교 석사를 거쳐 미시간 대학교에서 사회복지학과 심리학 박사 학위를 받았다. 환경 자원을 적절히 활용해 사회계층에 따른 건강과 웰빙의 격차를 해소하는 방법을 연구하고 있다. 다양한 방식의 노후에 관한 종단 연구와 비교문화적인 연구들을 수행한다. 비영리 연구 법인 단체인 Aging Together(함께 늙어 가기)의 대표이다. 현재 연구 단체를 통해 국내외 연구자들과 함께 노년의 주거 환경, 공동체 모델을 함께 연구하고 있다.

김정근(Kim Jeungkun, MSW, Ph.D) (jkkim@kangnam.ac.kr)

강남대학교 실버산업학과 부교수이자 실버산업연구소 소장이다. 경제학 전공으로 학사와 석사 학위를 받았고, 미국으로 건너가 워싱턴 대학교−세인트 루이스(Washington University in St.Louis)와 위스콘신 대학교−매디슨(University of Wisconsin-Madison)에서 노인복지 석사와 박사 학위를 받았다. 미국연방고령화연구소(National Institute on Aging) 박사후연구원으로 응용노년학(Applied Gerontology) 분야를 연구하였고 귀국 후 삼성경제연구소 수석연구원을 거쳐 강남대학교 교수로 부임했다. 노인 주거와 노인 경제정책, 실버산업 및 복지기술 관련 분야를 연구하고 있다.

행복한 노후를 위한 집
노인 주거공동체
Senior Living Communities: A Home for Happy Aging

2025년 1월 5일 1판 1쇄 인쇄
2025년 1월 10일 1판 1쇄 발행

지은이 • 박소정 · 김정근
펴낸이 • 김진환
펴낸곳 • ㈜**학지사**

　　　　04031 서울특별시 마포구 양화로 15길 20 마인드월드빌딩
대표전화 • 02-330-5114　　팩스 • 02-324-2345
등록번호 • 제313-2006-000265호

홈페이지 • http://www.hakjisa.co.kr
인스타그램 • https://www.instagram.com/hakjisabook

ISBN 978-89-997-3277-5 93330

정가 17,000원

출판미디어기업 **학지사**

간호보건의학출판 **학지사메디컬** www.hakjisamd.co.kr
심리검사연구소 **인싸이트** www.inpsyt.co.kr
학술논문서비스 **뉴논문** www.newnonmun.com
교육연수원 **카운피아** www.counpia.com
대학교재전자책플랫폼 **캠퍼스북** www.campusbook.co.kr